Enriquezca SU PERSONALIDAD PARA PADRES

COMPRENDA QUÉ MOTIVA A SU HIJO

FLORENCE LITTAUER

EDITORIAL UNILIT

SEPA
Spanish Evangelical Publishers Association

Publicado por
Editorial Unilit
Miami, Fl. 33172
Derechos reservados

© 2003 Editorial Unilit *(Spanish translation)*
Primera edición 2003

© 2000 por Florence Littauer
Originalmente publicado en inglés con el título:
Personality Plus for Parents
por Fleming H. Revell, una división de Baker Book House Company,
Grand Rapids, Michigan, 49516, USA.
Todos los derechos reservados.

Traducido al español por: Martha Castilleja

Citas bíblicas tomadas de la Santa Biblia, Nueva Versión Internacional © 1999 por la
Sociedad Bíblica Internacional. Usada con permiso.

Producto 495205
ISBN 0-7899-0044-0
Impreso en Colombia
Printed in Colombia

CONTENIDO

INTRODUCCIÓN
«¡No sé qué pasa con mi hijo!»

Un domingo Alfredo y yo estábamos gozando de un tranquilo y tardío desayuno en el restaurante de nuestro hotel cuando la hostelera se sentó en la mesa vecina a una familia: padres, abuelos y una bebé de diez meses. No pudimos evitar el observar la conmoción a medida que se acomodaban en sus asientos.

Era claro que la niña no quería sentarse en la silla alta que acercaron a la mesa. ¡Sus gritos de protesta lo hacían evidente! Pero todas sus contorsiones y gritos no lograron que su decidida madre de todas formas la colocara con firmeza en la silla.

Entre tanto, el padre, en silencio, se deslizó en su asiento y comenzó a revisar el menú, mientras los abuelos intercambiaban una mirada recelosa antes de tomar sus asientos. Pronto toda la familia se había sentado y los adultos estaban listos para disfrutar de una agradable comida. La bebita, en cambio, tenía una idea diferente.

Cada pocos minutos alzaba los brazos y lanzaba un chillido que llamaba la atención de todos los presentes en el restaurante. Con rapidez la turbada madre buscaba la manera de calmar a la pequeña con unas galletas. De inmediato la niña rompía todas las galletas en pedazos, los apilaba, los recogía y los arrojaba al aire. Luego gritaba con deleite a medida que los pedazos le caían encima o en la mesa.

Rendida, la madre cayó en su silla y suspiró. «Ya no sé qué hacer con ella», admitió ante sus padres.

La abuela sacudió la cabeza y dijo: «Yo tampoco sé qué hacer, querida, tú nunca fuiste así».

«Tu madre tiene razón, siempre fuiste tranquila y bien portada. Podíamos llevarte a cualquier parte y nunca hacías una escena». Agregó el abuelo.

Con una mirada a su esposo que estaba encorvado en su silla todavía leyendo el menú, la madre levantó las manos en un gesto de disculpa y dijo: «¡Simplemente no sé qué pasa con ella!».

¿No le parece conocida esta historia? ¿Alguna vez se preguntó por qué su hijo no actúa como usted espera que lo haga? ¿Por qué un niño es ruidoso, bullicioso y divertido mientras que otro es quieto, obediente, analítico y perfeccionista desde el principio? ¿Por qué uno es fuerte, activo y controlador de toda la familia y otro es dócil, amistoso, apacible y no da problema alguno?

Este libro le ayudará a responder esas preguntas y traerá armonía a su hogar.

Como en el elenco de una obra de Broadway, los miembros de la familia desempeñan varios papeles y deben actuar juntos para lograr una combinación satisfactoria. Sin embargo, a diferencia de los actores de teatro, los miembros de la familia no realizan una prueba de audición para desempeñar sus papeles. Las parejas se conocen y se casan sin la evaluación de un director de escena experimentado, y no elegimos a algunos hijos y rechazamos a otros dependiendo de lo bien que desempeñen su papel. Por el contrario, debemos comprender al elenco que tenemos y trabajar con él.

En este libro le mostraré, a usted y a sus actores, cómo usar el concepto de las cuatro personalidades básicas para comprenderse uno mismo y aprender a relacionarse con cada persona de la familia. Comenzará a observar por qué su hijo actúa de la manera que lo hace y cómo debe responder uno como padre. En lugar de preocuparse acerca de por qué Susana Sanguínea habla todo el tiempo y olvida sus tareas, por qué Carlos Colérico da órdenes a sus amigos y parece controlar a todos, incluso a usted, por qué Martín Melancólico es tan limpio y organizado aunque lo hieren con facilidad, o por qué Felipe Flemático es tan relajado y parece no preocuparse de los planes emocionantes de sus padres, uno puede enseñar a su hijo de acuerdo con el patrón que Dios estableció en su personalidad. ¡La obra resultante con seguridad será un éxito arrasador!

PARTE UNO

Revisión de las personalidades

uno

¿QUÉ SON LAS PERSONALIDADES?

A un padre no le toma mucho tiempo reconocer que no todos los niños actúan de la misma manera, pero rara vez sabe qué hacer al respecto. Un niño puede ser vivaz y sociable, mientras que otro es reservado y retraído. Uno puede demandar constante atención en tanto que otro prefiere que lo dejen solo.

Chela tuvo trillizos y cuando los niños ya tenían cuatro años, los reunió alrededor de la mesa para decorar galletas de jengibre en forma de muñecos. Después de dividir las galletitas por igual y colocar sobre la mesa recipientes con crema para glasear, pastillas de goma de mascar, caramelos y chocolates M&M, se quedó contemplando cómo los tres pequeños creaban sus obras de arte.

Bruno fue el primero en lanzarse al ataque aplicando grandes cantidades de crema de glasear y caramelos sobre las galletas. No pudo evitar la tentación y se llevó una o dos galletitas a la boca. Pero su conducta incontrolable alteró a su hermana Sara que rogó: «¡Mami, no lo dejes hacer esto! ¡Está acabando con los caramelos! Los adornos rosados y violetas son los míos porque yo soy la niña», protestó Sara. Chela se apresuró a dividir las porciones de caramelos en partes iguales antes de que Bruno realmente acabara con todas las piezas de colores brillantes.

Mientras tanto, a pesar de toda la algarabía que formaron sus hermanos, Alberto permaneció en su puesto, estudiando con cuidado sus galletitas de jengibre y los comestibles disponibles para la decoración. No había comenzado a decorar ni uno. Cuando su madre le preguntó si necesitaba ayuda, él le explicó: «Necesito que me ayudes a formar bien la cara». Aunque la madre lo exhortó a decorar la galleta como mejor quisiera, Alberto se negó a comenzar hasta que ella no lo ayudara a conformar los ojos, la nariz, la boca y el pelo para el primer muñeco de jengibre. Entonces Alberto completó la decoración agregando, perfectamente en el centro del cuerpo, un solo chocolate M&M. Una vez concluida esta perfecta galletita, Alberto consideró que no era necesario seguir decorando las demás y le pidió a su madre que le limpiara las manos para dedicarse a otra cosa. Cuando Alberto se alejó de la mesa para irse a jugar con sus juguetes, Bruno se ofreció de voluntario: «¡Yo me quedo con sus caramelos!» A lo que Sara protestó: «¡No! ¡Mamá, divídelo!».

A pesar del vínculo que estos niños comparten por ser trillizos: los mismos padres, el mismo ambiente en el hogar, la misma comida y los mismos cuentos, enfocaron este proyecto de manera muy diferente. El impetuoso Bruno estaba interesado en divertirse tanto como le fuera posible con sus coloridas galletas decoradas. La organizada Sara exigió que todo se realizara de manera justa y bajo sus términos. El meticuloso Alberto estaba decidido a producir una decoración perfecta desde la primera vez.

Entonces, ¿qué diferencia a cada niño?

Nacido para ser único

Los estudios confirman que los niños nacen con personalidades empacadas previamente y que determinan de manera amplia cómo se relacionan con el mundo que los rodea. El medio ambiente también interviene en la expresión de la personalidad innata de un individuo, pero es innegable que en el momento de nacer ya existe una personalidad.

En 1979 la Universidad de Minnesota comenzó un estudio llamado «Gemelos criados aparte». El estudio reveló una evidencia convincente de que la personalidad se hereda. Tras reunir a gemelos que separaron al nacer y que adoptaron y criaron familias diferentes sin que existiera contacto alguno entre ellos, el equipo universitario los sometió a pruebas y concluyó que los seres humanos heredamos nuestra conducta adulta más de lo que imaginábamos. Los gemelos del estudio se quedaron atónitos al conocer a sus réplicas exactas en las miradas, modales, actitudes, grado de sociabilidad y personalidad.

Un estudio similar en la Universidad de Indiana generó los mismos resultados. Individuos cuyo único vínculo durante la niñez fue su herencia genética, crecieron para terminar siendo muy similares en todos los aspectos.

En mis seminarios he conocido personalmente a cierto número de gemelos cuyas historias confirman su similitud innata. Julia y Ana, por ejemplo, nacieron con una diferencia de siete minutos. Ambas se casaron con evangelistas y en dos ocasiones dieron a luz a la misma hora. Aunque viven a mil trescientos kilómetros de distancia, con frecuencia hacen las mismas cosas en el mismo día, pero no fue hasta mucho tiempo después que descubrieron estos sucesos idénticos.

Lana y Lorna, que separaron al nacer y luego las reunieron, descubrieron al visitarse una a la otra que habían escogido el mismo papel para las paredes de sus dormitorios y que en sus armarios colgaban vestidos similares. Otro par me contó que al reunirse, después de una separación de treinta años, descubrieron que ambos escribían e ilustraban libros infantiles.

Como indican estas historias, los seres humanos heredan mucho más que características físicas, como son el color de los ojos y el cabello. Más bien venimos preprogramados con unas tendencias para reaccionar ante la vida que originan timidez, agresividad, felicidad, depresión, sociabilidad, deseos de control y otros rasgos de la personalidad.

La herencia biológica de un individuo es compleja, pero está claro que los genes influyen en nuestras acciones. Las personas reaccionan a experiencias similares de formas sorprendentemente iguales o desiguales, dependiendo de las características innatas de su personalidad. El escritor Dean Hamer concluye: «En algunos aspectos de la personalidad usted tiene casi tantas elecciones como tiene en cuanto a la forma de su nariz o el tamaño de sus pies».[2]

Como no podemos escoger nuestra personalidad, ni la de nuestros hijos, lo que nos queda es identificarnos y trabajar con las personalidades que nos dieron. Antes de seguir las indicaciones de las Escrituras: «Instruye al niño en el camino correcto y aun en su vejez no lo abandonará» (Proverbios 22:6), debemos comprender y respetar la individualidad de cada niño. Para lograrlo necesitamos entender los cuatro tipos básicos de la personalidad que caracterizan a todos los individuos, ya sean adultos o niños.

Las cuatro posibilidades básicas

Hace más de dos mil años, alrededor del año 400 a.C., los eruditos griegos trataron de explicar las diferentes naturalezas que observaron en los seres humanos. Hipócrates, hoy llamado el padre de la medicina moderna, tenía la teoría de que lo que diferenciaba a los hombres eran las sustancias químicas en sus cuerpos. Hipócrates identificó cuatro fluidos corporales: la sangre, la bilis amarilla, la flema y la bilis negra, que según él creía originaban la conducta de una persona.

Siglos más tarde, alrededor del año 149 d.C., un fisiólogo romano llamado Galeno, propuso una teoría del temperamento que se deriva de las observaciones de Hipócrates. Según Galeno, los cuatro tipos básicos de la personalidad: Sanguíneo, Colérico, Melancólico y Flemático, eran posibles, dependiendo de la cantidad de fluido, líquido o «humor» en el cuerpo de cada persona.

En fechas recientes los psicólogos volvieron a evaluar estas ideas y descubrieron que aunque los griegos y los romanos de la antigüedad no acertaron del todo, hay más verdad en sus teorías de lo que una vez se creyó. Aunque los cuatro fluidos corporales que Hipócrates identificó no ocasionan diferencias conductuales en los seres humanos, los cuatro tipos básicos de personalidad se usan para catalogar a las personas y, por consiguiente, se decidió utilizar los mismos términos griegos para describir estas cuatro personalidades básicas.

La personalidad popular: Sanguínea

Los populares sanguíneos son personas muy dinámicas, amantes de las diversiones y amistosas. Son los que llevan una etiqueta en la parte trasera de su auto con la pregunta: «¿Ya nos estamos divirtiendo?».

Las personas del tipo sanguíneo buscan atención, afecto, aprobación y la aceptación de quienes los rodean. Estos bulliciosos individuos traen una mezcla de alegría y drama a cualquier situación en la que se encuentren; les encanta ser el centro de atención y les gusta estimular a los demás. Suelen iniciar las conversaciones y enseguida se convierten en el mejor amigo de todo un grupo. Los sanguíneos suelen ser optimistas y casi siempre son encantadores. Sin embargo, pueden ser desorganizados, emotivos e hipersensibles con respecto a la opinión que otros tienen de ellos.

De una persona del tipo sanguíneo se hacen comentarios como: «No deja de hablar» o «para él no hay extraños». Esta persona se puede catalogar como un «conversador».

La personalidad autoritaria: Colérico

Los coléricos autoritarios son aquellos que por naturaleza están orientados hacia las metas, los que viven para obtener logros y los que organizan con rapidez. Su lema bien podría ser el eco de la propaganda Nike: «¡Hazlo ya!».

Los coléricos buscan la lealtad y el aprecio de los demás. Luchan por el control y esperan que se reconozcan sus logros. Aman los desafíos y con facilidad aceptan las tareas difíciles. Su autodisciplina y facultad de concentración los hace potentes líderes. Pero su impulso y determinación puede convertirlos en adictos al trabajo, en seres testarudos y dogmáticos, dejándolos insensibles a los sentimientos de los demás.

De los coléricos se puede decir que «imponen su voluntad sin tener a otros en cuenta» o «si quieres que algo se haga, encárgaselo a ella». Se dice que este individuo es un «emprendedor».

La personalidad perfeccionista: Melancólico

El melancólico perfeccionista es callado, profundo y más pensativo que los demás. Los melancólicos luchan por la perfección en todo lo que es importante para ellos. Su lema podría ser «si vale la pena hacerlo, es mejor hacerlo bien». Con la perfección como objetivo, estas personas suelen desencantarse y deprimirse con los resultados imperfectos.

Los individuos del tipo melancólico necesitan de la sensibilidad y el apoyo de los demás; requieren espacio y silencio para pensar antes de hablar, escribir o actuar. Son personas orientadas a una tarea, cuidadosos y organizados. Estos perfeccionistas prosperan en un ambiente ordenado y se puede confiar en ellos para completar una tarea a tiempo. Pero su perfeccionismo los convierte en criticones o pesimistas y sus esfuerzos por alcanzar la altura de sus propios patrones los enloquecen.

Cuando se habla de los melancólicos se oyen frases como «es una persona tan organizada» o «es un perfeccionista». A estos individuos se les puede llamar «pensadores».

La personalidad apacible: Flemático

Los flemáticos apacibles son equilibrados y satisfechos. No sienten la necesidad de cambiar el mundo ni de alterar el status quo. Son conservadores natos, ven la vida a través del filtro de la conservación de sus energías. Su lema podría ser: «¿Para qué estar de pie cuando se puede estar sentado? ¿Para qué estar sentado cuando se puede estar acostado?». Para las personalidades más dinámicas, los flemáticos aparentan ser más lentos que los demás. Esto *no ocurre* porque sean menos inteligentes que los demás, sino porque son más inteligentes. Mientras nosotros nos preocupamos y nos inquietamos, ellos contemplan y determinan no «sudar en vano».

Los flemáticos detestan los riesgos, los desafíos y las sorpresas; necesitan tiempo para adaptarse a los cambios. Aunque evitan las situaciones muy generadoras de estrés, trabajan bien bajo presión. Sin embargo, su falta de disciplina y motivación a menudo los hace posponer las cosas en ausencia de un fuerte liderazgo.

Los flemáticos son reservados, pero les gusta la compañía de otros. Aunque no tienen necesidad de hablar tanto como los del tipo sanguíneo, son ingeniosos y parecen decir la frase adecuada en el momento preciso. Son estables y constantes y, como se orientan hacia la seguridad, les gusta crear un ambiente seguro para su pareja e hijos. Buscan la paz y la tranquilidad y tienden a actuar como negociantes en vez de guerreros. Estos individuos leales hallan el respeto y el valor proporcionando bienes para su familia y ayudando a las personas necesitadas.

Al hablar de un flemático quizás se oiga decir: «Es tan dulce, tan agradable». Esta persona es un «observador».

La siguiente tabla resume las características básicas de cada tipo de personalidad:

El sanguíneo popular	LIDERAZGO Extrovertido, optimista, conversador	El colérico autoritario
Deseo básico: divertirse Necesidades emocionales: atención afecto aprobación aceptación Control mediante: Su encanto personal		Deseo básico: Controlar Necesidades emocionales: lealtad sensación de control aprecio reconocimiento de logros Controla mediante: sus amenazas de ira
JUEGO Ingenioso, dócil, no orientado hacia metas		TRABAJO Decidido, organizado, orientado hacia metas
El flemático apacible	ANÁLISIS Introvertido, pesimista, de hablar suave	El melancólico perfeccionista
Deseo básico: tener paz Necesidades emocionales: tener paz y tranquilidad sentirse valorado falta de estrés respeto Controla mediante: su dilación		Deseo básico: perfección Necesidades emocionales: sensibilidad apoyo espacio silencio Controla mediante: cambios de ánimo

Personalidades combinadas

Cada persona nace con una predisposición hacia uno (o más) de estos cuatro tipos de personalidades. La mayoría de nosotros tiene una combinación de dos personalidades. Algunas veces el balance es equitativo, pero por lo general hay una que predomina.

Hay cuatro combinaciones naturales de la personalidad, las cuales ocurren al combinar cualquiera de los cuadros colindantes de la tabla que antes se presentó. Los dos casos en la parte superior de la tabla, el sanguíneo y el colérico, se combinan de forma natural porque ambos tipos son extrovertidos, optimistas y conversadores. Esta combinación da por resultado un individuo muy emotivo que se carga de energías a través del contacto con la gente. Los niños sanguíneo/coléricos son encantadores y conversadores mientras hacen su trabajo, ya sea por sí mismos o, lo más probable, haciendo que otros lo hagan por ellos.

Los casos en la parte inferior de la tabla, el melancólico y el flemático, se combinan bien porque ambos tipos de personalidades son introvertidos, pesimistas y de hablar suave. Un melancólico/flemático se muestra menos entusiasta y se agota entre la gente.

Cuando mi hijo melancólico tenía alrededor de seis años, lo saludé una mañana con un «¿Cómo estás hoy?» Él contestó: «Bien, hasta ahora. Aún no me he tropezado con alguien». El hecho de lidiar con la gente es lo que agota a estas personalidades. En su mejor momento los melancólico/flemáticos hacen las tareas perfectamente, con amabilidad y sin discutir. Sin embargo, su naturaleza quisquillosa los puede conducir a la depresión y dejarlos tan agotados que no logran nada.

Debido a que ambas partes de su personalidad comparten tantas características, las combinaciones sanguíneo/colérica y melancólico/flemática suelen estar bien equilibradas entre sí. Como contraste, las combinaciones colérico/melancólica y sanguíneo/flemática unen un carácter optimista con un pesimista, un entusiasta con un tranquilo, una personalidad sociable con otra reservada. Por consiguiente, tienden a estar menos balanceadas y, por lo general, una personalidad se destaca más que la otra. Los individuos con estas combinaciones cambian de personalidad de acuerdo con las circunstancias.

Las personalidades en la parte derecha de la tabla, coléricos y melancólicos, se combinan para producir una persona muy centrada en el trabajo. Esta combinación producirá individuos que alcanzan los mayores logros, realizan su trabajo con rapidez y buscan la perfección. Sin embargo, pueden ser mandones y manipuladores, y desalentarse porque nadie hace las cosas bien o a tiempo.

Las personalidades sanguíneas y flemáticas, en la parte izquierda de la tabla, también se combinan con facilidad y dan por resultado una persona muy sociable. Esta combinación hace que la persona se convierta en el amigo predilecto de todos: la diversión de los sanguíneos con la amabilidad y suavidad de los flemáticos. El tipo sanguíneo/flemático, un ser adorable con un gran sentido del humor, siempre está relajado y acepta a los demás tal y como son. Sin embargo, pueden tener tendencia a la indisciplina o al sarcasmo y pueden negarse a hacer cualquier cosa. Con facilidad olvidan sus responsabilidades, pero usan sus encantos para lograr que otro se ocupe de esas responsabilidades.

¿Pueden unirse los opuestos?

Cada ser humano nació con una personalidad específica o una combinación natural, pero algunos individuos parecen mostrar rasgos de personalidades aparentemente opuestas. Tal vez usted se vea como un apacible flemático en el hogar, pero se convierte en un colérico autoritario tan pronto como llega a la oficina. O quizás se sorprenda a sí mismo organizándolo todo compulsivamente, como se esperaría del melancólico perfecto; pero que su pasatiempo favorito es ser el centro de atención, el corazón de las fiestas. ¿Cómo es posible? ¿Se combinan las personalidades opuestas?

Aunque es cierto que muchas personas *funcionan* con personalidades opuestas, la mayor parte de las veces esos individuos realmente no *poseen* esa personalidad que muestran. En algunos casos atribuimos ciertas características a la personalidad equivocada. Sin comprender por completo el motivo y la conducta de cada personalidad, nos encontramos suponiendo que solo los melancólicos son organizados (aunque los coléricos también pueden serlo) y que solo los coléricos pueden ser directores fuertes (aunque otros aprendan a ser como ellos).

Además, muchos individuos hallan momentos en su vida en los que aprendieron a actuar de cierta manera, independiente de su tendencia natural ante esa situación. En resumen, para descubrir nuestra verdadera personalidad tenemos que aprender a distinguir entre el *yo natural* y el *yo entrenado*. Si no lo hacemos, nos colocamos en una posición que opera con una personalidad que en realidad no es la propia. Al hacer esto, nos ponemos una máscara que esconde la verdadera personalidad, proyecta un ser falso y, por último, nos agota.

El uso de máscaras

Enmascarar es un término que usamos para representar la conducta de una persona que no está funcionando bajo su personalidad innata. Cuando no nos comportamos como somos en realidad, nuestra vida se convierte en una especie de teatro. Estamos actuando un papel que no es el nuestro y esto termina agotándonos. ¿Qué nos hace enmascarar?

Eludir el rechazo

Desde el momento en que nacemos, nuestros instintos básicos incluyen el temor al rechazo y la necesidad de aceptación. Por esta razón, los niños cambian su personalidad si experimentan rechazo o incluso falta de aceptación por las personas que aman. Por ejemplo, los niños abusados tratan de cambiar su personalidad para complacer, según ellos lo perciben, a los que abusan de ellos. Piensan así: «Si me estoy tranquilo... si sonrío mucho... si hago las cosas bien... no me volverán a hacer daño».

Satisfacer las expectativas

Cuando repetidamente se espera que los niños se comporten de una manera específica, a menudo ellos cumplen estas expectativas. Así que los padres que voluntaria o involuntariamente predeterminan cómo debe ser un niño, alteran su personalidad. Los padres que crían hijos que viven para satisfacer las esperanzas y los deseos paternos, tal vez cambien la opinión que los niños tienen sobre sí mismos y lo que en realidad son. Algunos empujan tanto que sus hijos se ven estudiando carreras o desempeñando empleos para satisfacer a sus padres, aunque ellos no la disfruten ni encaje con su personalidad.

La melancólica Josefina decidió que sería una madre perfecta y que tendría hijos perfectos moldeados a su imagen y semejanza. En infinidad de ocasiones dijo expresiones como: «Shhh, baja la voz» o «yo no soy parte de la comisión de entretenimiento». No fue hasta que su hija entró en la escuela secundaria que Josefina aprendió acerca de las distintas personalidades y se percató de que su hija era una niña sanguínea que necesitaba del contacto con la gente para pasarla bien. Una vez que supo esto, abandonó sus esfuerzos insensibles por hacer que su hija fuera como ella y dejó que la chica se desarrollara y descubriera los encantos de tener una personalidad sanguínea. Si Josefina hubiera aprendido antes lo referente a las personalidades, la infancia de su hija habría sido más divertida, tanto para la niña como para ella como madre.

Crianza de hijos en moldes

Los padres que no comprenden el papel que la naturaleza desempeña en los niños, pretenden que todos sus hijos se comporten de manera similar. «Es mejor ver a los muchachos que escucharlos». Tal vez esto funcione bien con los niños flemáticos y melancólicos, pero reprimirá la espontaneidad del chico sanguíneo, quien tal vez dirá: «¡Qué aburrimiento!», y frenará el potencial de liderazgo del colérico, que probablemente proteste: «¿Acaso mi opinión no cuenta aquí?»

Paty daba el mismo trato a sus hijos a pesar de que tenían personalidades distintas. Consideraba a sus hijos como «un negocio en serie», ya que, después de todo, se parecían físicamente, eran atléticos y compartían los mismos padres. Además, Paty estaba siguiendo los consejos de su madre: trátalos de la misma forma. Roberto seguía a su hermano Ricardo en todo: en deportes, en intereses, en clubes. Paty se sentía orgullosa de lo buena madre que era porque había logrado que sus hijos fueran iguales.

Sin embargo, cuando Ricardo se alejó para realizar estudios universitarios, Roberto anunció que iba a tomarse un año de vacaciones. Cuando le pidieron explicaciones, contestó: «Necesito un año para dejar de ser mi hermano. Siempre he hecho lo que ustedes querían, pero ya él no está aquí, y necesito descansar y encontrarme a mí mismo». Solo cuando Paty aprendió de la existencia de personalidades diferentes logró entender cabalmente las palabras de su hijo, un flemático/melancólico a quien forzaron a comportarse como un colérico/sanguíneo, como Ricardo. Hoy, Paty agradece que Roberto decidiera dejar el juego, se quitara la máscara y no continuara como parte del «negocio en serie».

Cualquiera que sea la razón para que un padre o un hijo lleven una máscara, es importante reconocer la personalidad real y aprender a deshacerse de la cubierta que la esconde. Pero, ¿cómo determinar cuál es la verdadera personalidad? Lea el próximo capítulo.

dos

Definición de las personalidades del padre y del hijo

¿Cuál es mi tipo de personalidad?

Es posible que a estas alturas el lector ya haya comenzado a reconocer rasgos de su personalidad y de la de los demás según las descripciones que ha leído. Pronto empezaremos a tener una idea del tipo de personalidad al que probablemente pertenecemos. Antes de comenzar a analizar la personalidad de nuestros hijos, es importante estudiar la nuestra. Es probable que se haya percatado de que la personalidad suya y la de su cónyuge son opuestas. Así lo planificó Dios para que ambos se compensaran en las debilidades y se beneficiaran de las virtudes mutuas. Además, ¡los niños no necesitan que sus padres sean exactamente iguales! Para ellos es mejor tener una variedad de conductas que imitar.

Para determinar con exactitud cuál es la mezcla de personalidades a la que pertenece, use el cuestionario que aparece a continuación. Cada línea está compuesta de cuatro vocablos. Coloque una X delante de la palabra (o palabras), que más a menudo le describe. Complete las cuarenta líneas. Si no tiene seguridad de cuál palabra describe mejor su personalidad, pídale ayuda a su cónyuge o a un amigo. Utilice la definición de palabras en el apéndice B para obtener los resultados más precisos.

CUESTIONARIO DEL PERFIL DE LA PERSONALIDAD

Virtudes

1 __Aventurero	__Adaptable	__Animado	__Analítico
2 __Persistente	__Juguetón	__Persuasivo	__Apacible
3 __Sumiso	__Sacrificado	__Sociable	__Obstinado
4 __Considerado	__Controlado	__Competitivo	__Convincente
5 __Ameno	__Respetuoso	__Reservado	__Ingenioso
6 __Satisfecho	__Sensible	__Confiado	__Brioso
7 __Planificador	__Paciente	__Positivo	__Promotor
8 __Seguro	__Espontáneo	__Programado	__Tímido
9 __Ordenado	__Complaciente	__Franco	__Optimista
10 __Amigable	__Fiel	__Gracioso	__Fuerte
11 __Osado	__Encantador	__Diplomático	__Meticuloso
12 __Alegre	__Constante	__Culto	__Confiado
13 __Idealista	__Independiente	__Inofensivo	__Inspirador
14 __Expresivo	__Resuelto	__Mordaz	__Profundo
15 __Mediador	__Musical	__Influyente	__Afable
16 __Considerado	__Tenaz	__Parlanchín	__Tolerante
17 __Oyente	__Leal	__Líder	__Vivaz
18 __Contento	__Jefe	__Organizado	__Gracioso
19 __Perfeccionista	__Agradable	__Productivo	__Popular
20 __Dinámico	__Arriesgado	__Comedido	__Estable

Debilidades

21 __Inexpresivo	__Penoso	__Ostentoso	__Mandón
22 __Indisciplinado	__Incompasivo	__Desmotivado	__Implacable
23 __Reticente	__Resentido	__Renuente	__Repetitivo
24 __Quisquilloso	__Miedoso	__Olvidadizo	__Franco
25 __Impaciente	__Inseguro	__Indeciso	__Entrometido
26 __Impopular	__Apático	__Impredecible	__No afectuoso
27 __Testarudo	__Inconstante	__Inconforme	__Titubeante
28 __Sencillo	__Pesimista	__Orgulloso	__Permisivo
29 __Enojón	__Sin metas	__Polémico	__Enajenado
30 __Inocente	__Negativo	__Atrevido	__Despreocupado
31 __Preocupado	__Retraído	__Trabajoadicto	__Desea aprobación
32 __Hipersensible	__Imprudente	__Temeroso	__Conversador
33 __Vacilante	__Desorganizado	__Dominante	__Deprimido
34 __Inconstante	__Introvertido	__Intolerante	__Indiferente
35 __Desordenado	__Taciturno	__Musita	__Manipulador
36 __Lento	__Terco	__Exhibicionista	__Escéptico
37 __Solitario	__Impositivo	__Perezoso	__Bullicioso
38 __Lerdo	__Desconfiado	__Iracundo	__Alocado
39 __Vengativo	__Inquieto	__Indispuesto	__Impulsivo
40 __Acomodaticio	__Criticón	__Astuto	__Voluble

Una vez que complete el perfil, transfiera sus respuestas a la hoja de registro que sigue. Agregue el número total de respuestas en cada columna y combine sus totales de las secciones de virtudes y debilidades.

HOJA DE PUNTUACIÓN DE LA PERSONALIDAD

Virtudes

Popular Sanguíneo	Autoritario Colérico	Perfeccionista Melancólico	Apacible Flemático
1 __Animado	__Aventurero	__Analítico	__Adaptable
2 __Juguetón	__Persuasivo	__Persistente	__Apacible
3 __Sociable	__Obstinado	__Sacrificado	__Sumiso
4 __Convincente	__Competitivo	__Considerado	__Controlado
5 __Ameno	__Ingenioso	__Respetuoso	__Reservado
6 __Brioso	__Confiado	__Sensible	__Satisfecho
7 __Positivo	__Promotor	__Planificador	__Paciente
8 __Espontáneo	__Seguro	__Programado	__Tímido
9 __Optimista	__Franco	__Ordenado	__Complaciente
10 __Gracioso	__Fuerte	__Fiel	__Amigable
11 __Encantador	__Osado	__Meticuloso	__Diplomático
12 __Alegre	__Confiado	__Culto	__Constante
13 __Inspirador	__Independiente	__Idealista	__Inofensivo
14 __Expresivo	__Resuelto	__Profundo	__Mordaz
15 __Afable	__Influyente	__Musical	__Mediador
16 __Parlanchín	__Tenaz	__Considerado	__Tolerante
17 __Vivaz	__Líder	__Leal	__Oyente
18 __Gracioso	__Jefe	__Organizado	__Contento
19 __Popular	__Productivo	__Perfeccionista	__Agradable
20 __Dinámico	__Arriesgado	__Comedido	__Estable

Total—Virtudes

_____ _____ _____ _____

Debilidades

Popular Sanguíneo	Autoritario Colérico	Perfeccionista Melancólico	Apacible Flemático
21 __Ostentoso	__Mandón	__Penoso	__Inexpresivo
22 __Indisciplinado	__Incompasivo	__Implacable	__Desmotivado
23 __Repetitivo	__Renuente	__Resentido	__Reticente
24 __Olvidadizo	__Franco	__Demandante	__Miedoso
25 __Entrometido	__Impaciente	__Inseguro	__Indeciso
26 __Impredecible	__No afectuoso	__Impopular	__Apático
27 __Inconstante	__Testarudo	__Inconforme	__Titubeante
28 __Permisivo	__Orgulloso	__Pesimista	__Sencillo
29 __Enojón	__Polémico	__Enajenado	__Sin metas
30 __Inocente	__Atrevido	__Negativo	__Despreocupado
31 __Desea aprobación	__Trabajoadicto	__Retraído	__Preocupado
32 __Conversador	__Imprudente	__Hipersensible	__Temeroso
33 __Desorganizado	__Dominante	__Deprimido	__Vacilante
34 __Inconstante	__Intolerante	__Introvertido	__Indiferente
35 __Desordenado	__Manipulador	__Taciturno	__Musita
36 __Exhibicionista	__Terco	__Escéptico	__Lento
37 __Bullicioso	__Impositivo	__Solitario	__Perezoso
38 __Alocado	__Iracundo	__Desconfiado	__Lerdo
39 __Inquieto	__Impulsivo	__Vengativo	__Indispuesto
40 __Voluble	__Astuto	__Criticón	__Acomodaticio

Total—Debilidades

_____ _____ _____ _____

Total—Combinadas

_____ _____ _____ _____

Ahora el lector ya puede ver su tipo de personalidad dominante. También observará qué combinación de personalidades tiene. Si, por ejemplo, obtuvo una calificación de 35 en las virtudes y debilidades de colérico autoritario, realmente hay poca duda. Su tipo de personalidad es casi por completo colérico autoritario. Pero si su calificación es, por ejemplo, 16 en colérico autoritario, 14 en melancólico, y 5 en cada uno de los otros tipos, usted es un colérico autoritario con una fuerte personalidad también de melancólico perfeccionista.

Hallará una copia extra de esta prueba y una hoja de registro en el apéndice B. Haga copias de estas y dedique un tiempo para que cada miembro de su familia en el hogar las complete. Para los niños pequeños, la prueba solo servirá como un punto de inicio. Necesitará los perfiles de la personalidad en una sección posterior de este capítulo para identificar claramente la personalidad de su hijo. Pero primero, observe su hoja de registro y los términos que describen su personalidad y considere cómo esos resultados afectan su estilo de crianza.

¿Qué tipo de padre es usted?

Ahora que ya identificó sus virtudes y debilidades, propias y únicas, podrá comprenderse mejor como padre y por qué se lleva mejor con un hijo que con otro.

El padre popular (Sanguíneo)

Al padre, o madre, popular le agrada divertirse y tener espectadores. Los niños pueden convertirse en la audiencia de una madre sanguínea que enciende su personalidad cuando llegan los amigos de su hijo. La mujer jugará con los niños, pero puesto que a los sanguíneos les importa mucho la reacción de los que les rodean, un grupo desinteresado de niños hará que al padre se le acabe el encanto. Después de todo, ¿por qué molestarse con tratar de ser agradable y adorable si a nadie le importa?

Al encontrarme con Yoli en una fiesta recordé una ocasión, hace diez años, cuando llegó a mi consultorio en busca de ayuda. Me había escuchado hablar de las personalidades y se preguntaba por qué no se podía llevar bien con su hijo. Yoli, una sanguínea adorable de ojos brillantes tenía un hijo melancólico de seis años. A medida que hablábamos de él, enseguida me di cuenta que el niño no respondía al humor de Yoli, con enojo me relató algo divertido que hizo y él incluso rehusó ver lo que ella hacía. Yoli deseaba ser la comediante más lista, pero su audiencia parecía aburrirse o sentirse humillada.

El peor castigo para un padre sanguíneo es que la familia no le preste atención. Cuando le expuse este pensamiento a Yoli, reconoció que se estaba matando por representar algo que ella consideraba agradable para su hijo y a él no le parecía así; incluso, mientras él menos aplaudía, más lo intentaba ella. Como me explicó, tan pronto supo lo que estaba haciendo y cambió su enfoque, su hijo comenzó a responderle. Ahora que su hijo creció, ambos se comprenden. Sin el conocimiento de las cuatro personalidades, podremos preguntarnos por qué hallamos que solo una de cada cuatro personas ve las cosas a nuestro modo. Con esta comprensión del asunto, podemos llevarnos bien con los que son o no como nosotros.

Incluso el padre sanguíneo, presentador de espectáculos, le gustaría tener el papel estelar y una posición eterna de centro de atención sin tener que ser responsable del trabajo arduo o de los detalles. En la mente de este padre la responsabilidad no es un punto a su favor y con frecuencia las otras personalidades lo llama frívolo. Sin embargo, los errores que podrían avergonzar a otros, a los sanguíneos les resultan materiales fascinantes para su reserva siempre creciente de historias de entretenimiento.

Una sanguínea alegre y distraída de Phoenix relata una historia que habría estado enterrada para siempre en una caja si le hubiera sucedido a una persona más seria. Cuando su sobrino cumplió seis años, ella le regaló una almohada en forma de diente para usar después que le sacaran un diente. La empaquetó en una caja, la envolvió con papel de regalo y la envío por correo a Tennessee, muy orgullosa del regalo «diferente» que estaba enviando. Pasado unos días llamaron los padres del niño y le dijeron que no había nada en la caja, preguntándose qué había pasado. El pobre Aarón miró y miró, pero no encontró nada. Nuestra exhausta amiga no podía imaginarse qué había sucedido, hasta recordaba haber colocado esa almohada en la caja. A propósito, se dirigió al guardarropa y *en una caja* estaba el almohadón. De alguna manera se equivocó y envió la caja equivocada. ¡Una caja vacía!

Este tipo de padre es más apreciado por los niños de una personalidad similar que pueden reírse junto con ellos (¡no así los niños melancólicos que con frecuencia se sienten avergonzados por estos padres!).

El padre autoritario **(Colérico)**

Debido a que el padre, o madre, autoritario instantáneamente se vuelve un comandante en jefe en cualquier situación, estar a cargo de la familia le parece algo natural. Todo lo que la madre de este tipo tiene que hacer es alinear las tropas y dar órdenes. Todo suena muy simple. Los coléricos creen que si todos hicieran las cosas a su manera —de inmediato— todos vivirían felices para siempre. El padre colérico está acostumbrado a dar órdenes firmes en su mundo laboral sin que nadie lo contradiga y espera lo mismo en casa. Una madre colérica, con frecuencia casada con un hombre apacible que no soñaría ni siquiera en estar en desacuerdo con ella, controla a la familia con firmeza y sus rápidas decisiones por lo general son correctas. El hogar con padres autoritarios casi siempre es metódico y marcha a paso veloz, a menos que alguien entre en insurrección.

El hogar no solo está bajo control, sino que el padre colérico es el que realiza el trabajo aunque sea durante sus horas de esparcimiento. A este individuo no le gusta descansar y considera que relajarse es un pecado que debe evitarse. Un padre autoritario llevó a sus hijos a Disneylandia, considerando que era una noble actitud ceder su tiempo productivo para divertir a su familia. Compró los boletos de entrada y les dijo cuánto habían costado. (Al parecer, la persona autoritaria es incapaz de hacer algo sin adosarle un valor. Cada vez que mi suegra me daba un regalo, me decía: «Ten cuidado con eso, es muy caro».) Este hombre llevó a sus hijos a Disneylandia para que gozaran de un día «lleno de diversión». Después de una hora, cayó un aguacero en el área y su esposa y sus hijos querían irse al auto. «¿Qué creen que están haciendo?», preguntó. «Pagamos una buena cantidad de dinero para venir a este lugar y no vamos a permitir que una pequeña lluvia estropee nuestra diversión. Se van a subir a los juegos y los van a disfrutar, ¡vamos a hacer valer nuestro dinero!»

La historia que la esposa apacible de este hombre me relató, era lastimosa y cómica. «¿Se imagina qué diversión puede haber en una montaña rusa bajo una copiosa lluvia cuando no se puede ver ni medio metro frente a uno y los niños están llorando porque quieren irse a casa?», preguntó la mujer. Este hombre autoritario no solo hizo valer su dinero, también logró otro triunfo: ¡Nunca más la familia pidió ir a Disneylandia!

La fuerza del padre autoritario radica en las habilidades para la acción y la motivación, aunque una de sus debilidades es la expectativa de una obediencia instantánea de todos los que lo rodean. Al aprender a aceptar las diferencias, y no solo insistir en hacer las cosas «a mi manera», uno se puede relajar lo suficiente como para disminuir la tensión que con frecuencia trae al hogar la presencia del individuo autoritario. Reconozca que las tres cuartas partes de la población no tienen la manera de conducirse del colérico, su empuje, su brío, su persistencia y el amor por el trabajo, aunque eso no significa que los demás estén equivocados, solo que son diferentes.

El padre perfeccionista (Melancólico)

El padre, o madre, perfeccionista es lo que todos los demás desearían ser: limpios, organizados, puntuales, juiciosos, analíticos, detallistas, conscientes, compasivos, talentosos, dedicados, musicales, pacientes, artísticos, creativos, poéticos, sensibles, sinceros y firmes. ¿Se podría pedir algo más? Este padre toma el tema de la crianza de los hijos como un serio proyecto de por vida, y no hay otra personalidad que se dedique de manera tan integral a producir hijos perfectos.

Con frecuencia, estos padres se niegan a usar las cuatro personalidades como una herramienta porque les parece demasiado simple, les parece que es poner etiquetas injustas a las personas, y tampoco lo encuentran en las Escrituras. Sin embargo, una vez que deciden probar la idea (puesto que son personas analíticas), hallan que su simplicidad puede explicar asuntos complejos. Aprenden que las etiquetas son necesarias para fragmentar la personalidad en unidades comprensibles y que la teoría se convierte en un arma útil para obedecer los mandatos de la Biblia que nos instan a examinarnos; hallar nuestros pecados, fallas y debilidades y traerlos ante Dios para que nos limpie y nos perdone.

Una vez que las personas perfeccionistas examinan con una mente abierta el uso de las cuatro personalidades, se alegran de lo fácil que resulta comunicar esta destreza a su familia y a los demás. Por primera vez en su vida, el melancólico profundo comprende por qué las demás personas no ven las cosas a su manera. Anteriormente la persona melancólica pensaba que todos debían ser perfeccionistas como ella y asumía que todos querrían ser así si solo supieran cómo. Muchos dedicaron su vida a ayudar a Dios a conformar a otros en lo que percibían que quería que fueran. ¡Qué experiencia reveladora es hallar que solo una cuarta parte de las personas en el mundo tienen la capacidad o el deseo de hacerlo todo perfectamente! Los padres melancólicos necesitan recordar esto o arriesgarse a criar niños que no encajen en un molde «perfecto» a pesar de sus mejores esfuerzos.

El padre apacible (flemático)

Los padres apacibles tienen la naturaleza amable, simpática, paciente, relajada, reservada que encontramos tan agradable y aceptable en un padre o madre. Estas personas no discuten ni pelean, no insisten en altos logros, se recuperan de los golpes de la vida, nunca son irracionales ni histéricas. ¿Qué más podría desear un niño? Muchos pequeños estarían muy contentos de cambiar a su madre popular, emotiva y dramática; su padre dictatorial, temperamental y poderoso; o a su padre perfeccionista, puntilloso y criticón, por un apacible protector.

Sin embargo, este padre o madre que es indulgente tiene algunos inconvenientes. A menos que el padre flemático desarrolle una guía de reglas para disciplinar y se ciña a ellas, un niño sanguíneo dulcemente busca la manera de salirse con la suya y evita sus merecidas consecuencias y un niño colérico puede llegar a mandar en el hogar. Los padres apacibles deben obligarse a invertir energía en sus relaciones con sus hijos para que la comunicación no se haga inexistente. El padre flemático que se retrae a su propio mundo, se retira también de la responsabilidad de ser padre, lo que no favorece a un niño.

El área mayor de conflicto y falta de entendimiento entre los padres y los hijos, parece estar con la personalidad opuesta: los niños flemáticos pueden frustrar a los padres coléricos como ninguno de los otros; los niños melancólicos con mucha frecuencia son mal comprendidos por los padres sanguíneos.

En la segunda parte de este libro contaremos historias de interacción de la vida real entre los cuatro tipos de personalidades en los niños y en sus padres. Para ver en dónde el lector encaja en estos escenarios, debe primero identificar la personalidad de su hijo.

Escuchar es la respuesta

Los hijos no tienen que ser muy mayores de edad para que los padres puedan identificar su personalidad. Sin embargo, los padres se preguntarán cómo lograr esto. JoAnn Hawthorn, enfermera escolar y profesora, me dijo que ella sabía de inmediato qué tipo de personalidad eran sus pequeños estudiantes. «Todo lo que las madres necesitan hacer es comprender primero las personalidades y luego escuchar a sus hijos. Ellos le dirán quiénes son si solo los escucha».

Sanguíneos soleados

Los niños sanguíneos son de mirada brillante y cautivadora y usan mucho la palabra *diversión*. JoAnn me relató el caso de un niño de tres años de edad que iba saliendo de la clase cuando regresó a hablar con ella: «Sra. Hawthorn, Joaquín *no* se está divirtiendo, tenemos que hacer algo», dijo el niño.

A los niños sanguíneos populares como Joaquín todo les causa risa, y disfrutan estar con la gente. Mi hija Marita era el alma de la fiesta desde que tenía dos años de edad.

Los niños sanguíneos son esencialmente alegres de corazón, de buen humor y llenos de energía, con poca capacidad para organizar o recordar instrucciones. A los sanguíneos les encanta contar historias y su deseo de respuestas instantáneas con frecuencia los lleva a exagerar la verdad. Se emocionarán con cada nuevo proyecto que aparezca pero solo funcionarán si reciben muchos halagos por este. Muchas veces le dan poco seguimiento y abandonarán la búsqueda si surge otro que parezca más divertido.

Coléricos controladores

Los niños coléricos quieren las cosas a su manera y piensan que sus ideas son mejores que las de las personas que tienen autoridad. Un niño de kindergarten le informó a JoAnn: «Esto es lo que quiero hacer hoy», aclaró. Cuando se le dijo que eso no era lo que JoAnn quería hacer, el niño contestó con energía: «¡Bueno, pero esto es lo que yo quiero, así que vamos a comenzar!».

El colérico autoritario dará órdenes como estas tan pronto comience a hablar. Nuestro nieto Bryan, un bebé de 21 meses, miró una noche a mi marido, señaló frente a él con el dedo y exclamó con claridad: «¡Papi, aquí!». De inmediato Fred se acercó a su lado y Bryan supo que tenía a Papi bajo su firme control.

Si tiene un niño colérico, de seguro ya ha tratado de controlarlo a usted y al resto de sus hijos. Los coléricos nacen líderes, fuertes en todo aspecto y por lo general están en lo correcto. Están ahí para ganar y nada los detendrá con tal de lograr su propósito. Para los coléricos no es un problema ser un buen trabajador, siempre que se sientan apreciados. Tomarán el control si sienten un vacío de liderazgo o una lucha por el poder entre los padres. Un niño colérico no se intimida ante los adultos solo porque seamos mayores.

Una mujer me comentó que estaba tratando de disciplinar a su hijo colérico de tres años de edad. La madre le dijo que bajara las escaleras y el niño se quedó arriba. «No», dijo el niño. Tres veces repitió la madre su orden y obtuvo la misma respuesta. Finalmente el niño se puso las manos en la cintura y contestó. «Lee mis labios, ¡NO!», agregó gritando. Los niños coléricos no se rinden con facilidad.

Melancólicos meticulosos

Los niños melancólicos son el sueño del maestro. Les gusta la escuela, hacen su trabajo quietamente y organizan su equipo. Cuando a un melancólico le entregan diez marcadores, enseguida los cuenta dos veces, luego los arregla de acuerdo al color, los alinea perfectamente y entonces anuncia: «Ya estoy listo para comenzar».

El melancólico perfecto, que se comporta bien y se puede disciplinar solo con una mirada, comenzará a alinear sus juguetes cuando todavía es un niño pequeño. Todos los días nuestro hijo Fred ponía todos sus animales de peluche sobre su cama en un cierto orden y si alguien se los movía, él se daba cuenta.

Si está lidiando con un niño melancólico, tal vez se esté preguntando por qué nunca está contento. Pero los niños melancólicos no creen ser infelices, lo que sucede es que solo tienen un estilo diferente de placer. No les gusta el ruido ni la confusión y prefieren estar solos la mayor parte del tiempo. Estos niños realizarán proyectos perfectos mientras se les reconozca su habilidad y no repiten lo que ya se realizó. Déjelos trabajar solos si así lo desean; otras personas los distraen y los frustran porque no hacen las cosas debidamente. Estos niños son muy buenos estudiantes y se les debe ofrecer oportunidades para dedicarse a las artes, a la música y al teatro. En términos generales, los melancólicos tienen un talento que va más allá de lo normal.

Flemáticos afables

Es fácil llevarse bien con los niños flemáticos y casi siempre harán lo que se les pida. Pero no realizan trabajo extra, y veladamente son tercos. Si es uno de sus días de terquedad, no quieren cambiar. Un niño flemático miró a JoAnn y simplemente dijo: «No tengo deseos de hacer esto hoy», y no lo hizo.

Sin embargo, el flemático apacible es por lo general el niño más fácil de complacer. Mi yerno Randy era un niño flemático, muchas noches a la semana salía con sus padres y se sentaba tranquilo donde lo pusieran, sin causarles problema.

Si tiene un hijo flemático, tiene al más fácil de criar porque siempre querrá estar fuera de los problemas. Es usual que esté de acuerdo en hacer lo que se le pida, pero probará a los padres para ver si están hablando en serio. Si a los padres se les olvida revisar lo que hizo o si ellos mismos hacen la tarea que ordenaron al niño, le dará la pauta para saber que mientras él mantenga la paz y se muestre dispuesto, no tendrá que trabajar mucho. Este niño tiene un sentido del humor mordaz y se contenta con facilidad.

Cuando el niño flemático llega a la adolescencia y los padres observan que no tiene objetivos o ardientes deseos de lograr algo, podrán empezar a preocuparse y a preguntarse: *¿En qué nos equivocamos?*, he aprendido que los flemáticos son niños de intereses únicos, y nuestra tarea es localizar qué interés tienen y ayudarlos a desarrollarlo. A mi yerno flemático siempre le han gustado las estampillas y las monedas. Comenzó desde niño, leía libros para saber qué reyes habían acuñado qué monedas y en sus primeros años de adolescencia empezó a trabajar en una tienda de monedas. En la actualidad es el presidente de la compañía Galerías del Coleccionista en Redlands, California. ¡No se dé por vencido con estos niños dóciles y fáciles de llevar! Descubra sus intereses y dótelos del equipo y las lecciones necesarias para alcanzar su potencial.

Si los escucha, comprenderá qué hace a sus hijos andar. Pregúnteles cómo se sienten uno con el otro, con usted y con su maestra y escuche sus respuestas con atención. ¿Hablan de diversión? ¿Le dicen qué hacer? ¿Buscan la perfección o toman las cosas con calma? Si usted se toma el tiempo para escucharlos, ellos le dirán y entonces podrá satisfacer sus necesidades emocionales, librándolos de una vida en búsqueda de lo que nunca tuvieron de niños.

Dios hizo niños de todos los tipos y nuestro propósito es amarlos y aceptarlos como son en lugar de tratar de hacerlos como nosotros. La comprensión y el uso de los principios de la personalidad en este libro le permitirán alentar a cada uno de sus hijos de manera diferente, según sus virtudes particulares, aunque no concuerden con lo que a usted le guste o espere.

No queremos niños hechos en moldes que digan y hagan las mismas cosas. En cambio, queremos ver niños libres para funcionar en la versión única y libre de su personalidad. Al comprender sus personalidades —y ojalá también las nuestras— podremos criarlos de manera más efectiva, apreciarlos por lo que son y apoyarlos en la manera de conducirse y como ellos se sientan mejor.

Conclusión

Una joven llamada Sue vino al Seminario de Líderes Cristianos, Autores y Conferencistas (CLASS, por sus siglas en inglés) y aprendió respecto a las diferentes personalidades. Sue era consejera en un hogar para niños huérfanos, víctimas de abuso y en desventaja social, y al regresar al trabajo comenzó a clasificar su grupo. Puesto que todos venían de familias disfuncionales, tenían menos motivaciones de lo que se esperaba en niños promedios. La consejera decidió realizar algunos estudios de casos, y primero los dividió en cuatro grupos, de acuerdo con sus respuestas a algunas preguntas simples. Una de las preguntas era: «Si pudieras ser cualquier persona en el mundo, ¿quién elegirías ser?» A continuación se presentan algunas de sus respuestas:

> Los sanguíneos populares querían ser actores, comediantes, estrellas de televisión en telenovelas, porrista, vendedor, Cenicienta o Miss Peggy.
>
> Los coléricos autoritarios querían ser reyes y reinas, presidentes, Hitler, propietarios de grandes casas y limusinas, oficiales de patrulla de carretera y jugadores de fútbol.
>
> Los melancólicos perfeccionistas soñaban con ser músicos, artistas, poetas, banqueros, Mozart en la película *Amadeus* y el gato Garfield.
>
> Los flemáticos apacibles querían ser ricos para no tener que trabajar, vivir en lagos con botes de remos y canoas, jugar golf, tener largas vacaciones y más descanso.

A medida que trabajó con los grupos de niños, Sue halló que a los populares los motivaban los halagos abundantes; a los autoritarios la apreciación de todos sus logros; a los perfeccionistas el ánimo y la observación de lo bien que realizaban sus tareas, y a los apacibles, una relación de confianza que se lograba a largo plazo y que al final los convenció de que ella los valoraba.

Los otros consejeros estuvieron tan impresionados con el nuevo y creciente ánimo en el grupo de Sue que le pidieron que les enseñara cómo trabajar con las personalidades. Uno de los efectos secundarios inesperados en esta división en grupos, de acuerdo a la personalidad, fue que la agrupación dio una identidad a los niños inseguros. Por primera vez en su vida pertenecían a algo positivo; se convirtieron en personas reales.

Una de las quejas constantes de los adolescentes deprimidos a quienes doy consejería es «Soy un don nadie». No saben quiénes son y están seguros de que sus padres saben aun menos acerca de ellos. Esta falta de identidad y de amor propio es lo que impulsa a algunos a participar en cultos donde los reciben calurosamente y los hacen sentirse parte de un grupo.

Qué magnífico sería si pudiéramos ayudar a todos nuestros niños a comprender quiénes son y que los aceptamos exactamente como son y no como en lo que desearíamos que ellos se convirtieran. Comprender la personalidad de usted y la de su hijo, facilita la tarea de padre y ayuda al niño a desarrollar sus virtudes y salir adelante con sus debilidades para llegar a ser un individuo capaz y confiado que esté listo para enfrentar el futuro.

PARTE DOS:

Vivir con las personalidades

tres

~~~~~

Signos de un sanguíneo
risueño

SANGUÍNEO

> Personalidad popular
> El extrovertido · El parlanchín · El optimista

Necesidades emocionales: Atención, aprobación, afecto,
aceptación, presencia de
personas y de actividad.

Evitan: Tareas tediosas, rutinas, crítica,
detalles, metas muy altas.

Virtudes	Debilidades

BEBÉ

Virtudes	Debilidades
• vivaz y atento	• grita pidiendo atención
• curioso	• sabe que es gracioso
• hace sonidos de alegría	• todo lo agarra y se mete en todo
• desea compañía	• llora cuando no lo cargan o cuando está cansado
• llama la atención	
• responde a estímulos	

Virtudes	Debilidades

NIÑO

• atrevido y dispuesto	• Inconstante
• Inocente	• desorganizado
• imaginativo	• se distrae fácilmente
• alegre	• interés fugaz
• entusiasta	• altas y bajas emocionales
• adora la diversión	• desea crédito
• conversa constantemente	• dice mentirillas
• buen humor	• olvidadizo
• la gente lo llena de energía	

ADOLESCENTE

• contagia entusiasmo	• engaña
• encanta a los demás	• excusas creativas
• toma riesgos	• se desvía con facilidad
• asiste a clubes	• demanda atención
• popular	• necesita aprobación de
• alma de la fiesta	compañeros
• creativo	• estafador
• desea agradar	• no estudia
• lleno de disculpas	• inmaduro
	• chismoso

Hilda, una niña de dos años con ojos azules y cabello oscuro, estaba aburrida en el restaurante de comida rápida McDonald con su «cajita feliz», así que se levantó, dio media vuelta para ver de frente al resto de las personas que comían allí, levantó los brazos en el aire como si estuviera abrazando a todos los presentes y con una voz que no necesitaba micrófono dijo: «*¡Hola a todos!*».

Desde su niñez los sanguíneos populares tienen el deseo innato de divertirse y de jugar. Su alegría y curiosidad contagia a los demás, son felices mientras se pueden reír y les encanta ser amados por la gente que los rodea. Con un guiño de ojo constante, estos niños creativos deleitarán (o exasperarán) a los adultos con sus payasadas. Los sanguíneos siempre parecen estar más divertidos que los demás, así que las personas se reúnen a su alrededor. El gozo de la atención que reciben de los demás representa su primera gran necesidad emocional.

Las cuatro «A»

Desde el nacimiento los sanguíneos aman a las personas y desean atención. A los bebés sanguíneos les gusta ir de una habitación a otra con la madre y con frecuencia lloran si los dejan solos. Mientras son pequeños y adolescentes necesitan que los miren a los ojos y que los escuchen. Estos niños ven la vida como una producción donde ellos son las estrellas, y quieren que su audiencia los escuche y responda. La vida transcurre muy suavemente tanto para los padres como para el hijo siempre que los padres se sienten a escucharlo durante un tiempo en lugar de decirle «ahora no, más tarde».

La segunda gran necesidad del sanguíneo es la *aprobación*. Sin la notoriedad y los halagos por cualquier cosa que logre, el niño sanguíneo se dará por vencido tratando de agradar. Para estos niños, la crítica o la falta de atención es como derramar agua sobre sus llamas creativas. Los niños sanguíneos desean que todo pensamiento y acción sea «muy importante» con los padres. Estos padres no tienen necesidad de preocuparse porque al hijo se le llene la cabeza de halagos. He hablado con muchos adolescentes que estaban en un estado de desesperación y ninguno de ellos atribuía su depresión a que se les halagara demasiado.

De todos los tipos, los sanguíneos son los que más necesitan el *afecto* y sentir el contacto físico. Para ellos el amor es abrazos, besos y tomarse de las manos. Desde luego, cuando se convierten en adolescentes prefieren que no los abracen demasiado en público, pero sí necesitan una constante afirmación de su amor.

Los sanguíneos necesitan que los *acepten* tal y como son, no como podrían llegar a ser algún día si trabajaran lo suficientemente fuerte como para complacer a los padres. Si crecen con hermanos que alcanzan grandes logros y reciben más halagos y aceptación, estos niños sanguíneos se quedarán con el sentimiento de que hasta que no lleguen a ser como sus hermanos, no serán lo suficientemente adecuados para sus padres. Cuando los sanguíneos no sienten que sus padres los aceptan, tratan de encontrar a alguien más que los acepte como son. Esta situación puede llevarlos a relaciones dañinas.

Los padres de la sanguínea Susy son profesionales con un ingreso económico combinado superior al promedio y la niña tiene su habitación bien decorada en una casa grande. Superficialmente parece que ella vive a todo lujo, pero sus padres están tan ocupados que no tienen mucho tiempo para ella. Las niñeras la atienden bien, pero Susy está desesperada por recibir la atención de sus *padres*. Ellos no tienen tiempo para sentarse y escuchar sus historias interminables y cuando por fin hablan con Susy es para decirle cómo hacer sus tareas mejor. La hora de la cena se convirtió en una sesión de corrección que desalienta a Susy, y la crítica sin palabras de aprobación causan que ella haya perdido el interés por hacer bien las cosas.

Susy desea que su padre la note, que la rodee con los brazos y que realmente la abrace con mayor frecuencia. Un día ella le preguntó si la quería y la respuesta que él le dio fue esta: «Desde luego, ¿por qué piensas que te tuvimos si no te hubiéramos querido?». Esta respuesta, como si fuera de negocios, no ayudó mucho a Susy. Ella deseaba tener una seguridad del afecto de su padre. En cambio, se quedó con la duda y preguntándose: «¿Mis padres desearían haber tenido una hija diferente? No tienen mucho tiempo para mí, nada de lo que hago está bien». Basada en sus percepciones de que sus padres no parecen amarla, Susy llegó a esta conclusión: «Pienso que realmente no les gusto como soy».

La conclusión de Susy no la ha ayudado en sus deficientes relaciones en la escuela. Los maestros se irritan con ella porque habla constantemente y porque se les cuelga en búsqueda de atención. Se ha convertido en el payaso de la clase para hacer reír a los demás, pero los niños se ríen de ella en lugar de hacerlo con ella. En su deseo de que alguien la ame comenzó a juntarse con personas equivocadas porque parecen aceptarla como es ella.

¿Está Susy perdida a causa de las extremas ocupaciones de sus padres? No necesariamente, pero los padres con niños sanguíneos no deben correr ese riesgo al ser negligentes con sus hijos. Pasar un tiempo de calidad con estos niños significa afecto y les hace saber que son aceptados como son. Para los sanguíneos, *la atención, la aprobación, el afecto y la aceptación* son el alimento de la vida, y siempre están hambrientos. ¡No olvide alimentarlos!

Encanto de los sanguíneos

Los niños sanguíneos pueden encantar a sus padres y convencerlos de que hagan cosas que sus hermanos nunca podrían lograr. Brenda estaba tratando de negociar el conseguir una carpeta nueva de colores para su proyecto de ciencias. Realmente no necesitaba la carpeta nueva, tenía una que servía muy bien. Sin embargo, sería mucho más divertido ir de compras para obtener una nueva con un bonito diseño o incluso una cubierta holográfica. Ella y su madre comentaron sobre esta posible compra cuando Brenda se iba a acostar. Su madre decidió que no iba a comprometerse a comprarle una carpeta nueva. Brenda oró esa noche: «Gracias, Dios, porque mamá me va a llevar mañana a comprar una nueva carpeta». Brenda continuó con el resto de su oración ensalzando a su mamá. Cuando la mamá comenzó a orar pidiendo que Brenda durmiera bien, la niña brincó: «Interrumpimos esta oración para agradecerte que mamá me va a llevar mañana a comprar una carpeta nueva». Ya usted adivinó, Brenda terminó con una carpeta nueva y colorida para su proyecto.

¡El encanto del sanguíneo es difícil de resistir! Como padres, necesitamos ser firmes con lo que decimos, o estos niños listos aprenderán muy temprano en la vida que «no» solo significa «pídelo otra vez de manera más agradable y si es posible pon a Dios de tu lado».

Respuesta para todo

Es difícil ser más listo que los sanguíneos porque siempre tienen una respuesta para todo y piensan que son graciosos. Cuando los demás no aprecian su sentido del humor, lo intentan con más ahínco. Sally, sanguínea, sociable, hizo nuestra prueba de personalidad y marcó todo lo que a ella le gustaría ser. Su marido, melancólico y escéptico, revisó las calificaciones de Sally y comentó que la prueba no podía ser precisa porque las cifras de Sally alcanzaron un total de más del cien por cien. Sin embargo, Sally lo encantó y lo convenció de que tomara él mismo la prueba. El marido se quejó otra vez cuando descubrió que su cifra alcanzaba un total de menos de cien. «Es simple, querido», explicó Sally. «¡Tengo más personalidad que tú!» Sally quedó feliz por haber inventado tan buena explicación y él estuvo deprimido durante días.

Los padres pueden ayudar a su hijo sanguíneo a refrenar los comentarios impulsivos que pueden ofender o deprimir a otra persona. Es conveniente alentar su sentido del humor y valorar lo lista que sea, pero hay que enseñarla a comprender que si primero no se detiene a pensar, sus palabras podrían herir a los demás.

Necesidad de llenar vacíos

A los sanguíneos les encanta hablar y con frecuencia el silencio los hace sentir cómodos. Brenda sabe que tiene la tendencia de llenar con conversación los espacios muertos, especialmente en situaciones donde se siente nerviosa o toma conciencia de sí misma. Ella ha estado orando antes de llegar a estas situaciones para que el Señor la ayude a no hablar demasiado y a resistir esa urgencia de llenar los espacios vacíos. ¡Qué diferencia ha representado para ella! A los trece años de edad ya se da cuenta que le agrada más a sus amigos cuando no monopoliza toda la conversación.

Ayude a su hijo a reconocer lo que Brenda ya aprendió. Enséñele al niño que las personas lo apreciarán más si permite que los demás hablen en lugar de siempre estar llenando los espacios vacíos. A los sanguíneos les encanta hablar y sienten que lo que tienen que decir es más interesante que lo que otros tengan que decir. Así que es especialmente importante que usted enseñe a los hijos a que no siempre deben brincar para emitir comentarios propios sino dejar que los otros tengan la oportunidad de hablar.

Aventuras

Los sanguíneos pueden hacer una aventura de casi todo. Lo que es una lista de rutinas para la mayoría de las personas se convierte en un día de diversión para un sanguíneo. Con frecuencia mi madre comentaba: «¡Nunca he visto a nadie como tú. Entras a una tienda para comprar una barra de pan y sales con suficiente material para escribir un libro!». ¡Poco sabía ella que efectivamente yo podía hacerlo!

Desde que yo era una niña podía hacer una historia de cualquier cosa. Todas las personas que entraban a la tienda de la familia se convertían en personajes en el escenario de mi imaginación. Nunca me aburría, cada vez que la puerta se abría y llegaba una nueva persona, en mi mente comenzaba una nueva escena. Enseñé a mis hermanos más pequeños cómo hacer teatro con los clientes y en los días tediosos nos divertíamos con nuestras propias obras de teatro. Fueron mis observaciones del reparto siempre cambiante que teníamos ante nosotros el que me dio el material para comenzar a escribir a temprana edad.

Hace poco encontré una caja llena de mis tareas de la escuela elemental. Estaba fascinada con todas las aventuras que había escrito. ¡Tuve una vida muy colorida para ser una niña que nunca fue a ninguna parte!

Derramamientos

Los niños sanguíneos son tan emotivos e impulsivos que con frecuencia se tropiezan, tiran las cosas o las derraman. De camino al parque de diversiones Big Bear, una joven familia se detuvo en McDonald para desayunar. Debido a que iban deprisa, hicieron el pedido desde el auto. En el momento en que los niños comenzaron a comer dentro del automóvil, la madre se dirigió al hijo más pequeño, un niño sanguíneo que en ese entonces tenía como ocho años y le dijo: «Trata de no derramarte el melado sobre la ropa». Sin perder ni un momento, él le dijo: «Mamá, ¿cuándo fue la última vez que *traté* de derramarme comida encima?».

Los niños sanguíneos no tratan de hacer un desorden. Solo que por naturaleza no son tan pulcros como sus hermanos melancólicos. Acepten la deficiente atención de sus hijos y no los hagan sentir como algo fuera de lo común. Por el contrario, ayúdelos a aprender cómo lidiar con sus torpes tendencias, en lugar de gritarles si le derraman un vaso de leche encima.

¿Qué encierra un nombre?

Los sanguíneos tienen dificultad para recordar nombres por dos razones: no escuchan cuando se les dice un nombre y no les importa. Estos niños creen ser tan adorables que se les va a dejar pasar cualquier error menor como no recordar el nombre de las personas. Tomás, de cinco años de edad, conoció a un nuevo vecino llamado Timoteo. Mientras corrían hasta la base jugando a los «escondidos», Tomás gritó «ven, José». Cuando la mamá de Tomás señaló que el nombre de su amigo realmente era Timoteo, Tomás contestó: «Está bien, mamá. Él me dijo que podía llamarlo José».

Trate de ayudar a su niño sanguíneo a asociar nombres con algo colorido o divertido o con alguna cosa que rime. Los nombres no son lo más importante que pueda su hijo recordar, pero aprenderlos mejorará sus relaciones con los demás en el futuro.

Gasto de un sanguíneo

Los sanguíneos miden las cosas dependiendo de la diversión que les proporcionen, no importa el costo. Esta perspectiva frustra especialmente a los padres o hermanos melancólicos. Beverly y sus dos hijas sanguíneas me hablaron acerca de su máquina de hacer pan. Se divertían mucho, y cada día el pan les estaba quedando mejor. Al referirse a su maravilla mecánica y a su habilidad para usarla, el esposo melancólico de Beverly observó a su esposa y a sus hijas y dijo: «Ahora una barra de pan solo nos cuesta cinco dólares», dijo el hombre con un suspiro.

Aunque los sanguíneos no quieren que se les recuerde el precio de la diversión, los padres necesitan enseñar a sus hijos a tener responsabilidad financiera. Es recomendable ponerles límites de cuánto pueden gastar y dejarles decidir qué comprar. Los sanguíneos no van a organizar su contabilidad como los hermanos melancólicos, pero pueden aprender a librarse de la quiebra.

Obsesión por la ropa

Las niñas y los niños sanguíneos adoran la ropa desde edad muy temprana y pueden obsesionarse con su apariencia. Les agradan los colores brillantes y las prendas de última moda porque logran llamar la atención que siempre buscan. Tomás, un niño de cinco años, rechazó la ropa que su mamá le escogió para usar en la escuela. En cambio, tomó una camisa roja con grandes flores. Su abuela le había traído la camisa de un viaje a Hawaii. La madre pensó que era «demasiado» para usar en la escuela. Sin embargo, no pudo hacer que dejara la camisa y ahora quiere usarla a diario. El niño piensa que él es fabuloso, ¡y lo es!

La popular Berta, de cuatro años, salpica a su hermano mayor Carlos con dulces besos de mariposa y palabras adorables. Carlos, el niño melancólico de trece años, es el típico estudiante de secundaria que se preocupa mucho por la opinión de sus compañeros así que adora la atención de su hermana en casa, pero no frente a sus amigos.

47

Un día, Beth le dijo a Berta que era hora de ir a recoger a Carlos de la escuela. La niña de cuatro años preguntó: «¡Ah! ¿cómo está él vestido?». Berta corrió hasta la gaveta del tocador, Beth le dijo que se apurara pero en cambio la oyó decir: «¡Necesito un sombrero!».

A Beth le costó trabajo quedarse seria cuando vio a Berta pasar por la puerta. Había decorado, con una cola de tigre de otro disfraz, su chaqueta de un traje de hombre color azul oscuro que le llegaba al piso. Un par de viejos lentes para pilotos descansaban torcidos sobre la nariz y un sombrero dorado y rojo metálico montado en terciopelo negro coronaba su pequeña cabeza. Sus accesorios eran de primera: unos guantes blancos que le cubrían las manos y un zapato de tirillas con un fino tacón le servía de cartera. «¿Me parezco a Carlos?», preguntó en voz alta.

Las dos fueron en el auto hacia la escuela, donde casi cien estudiantes de secundaria estaban en el estacionamiento. Beth tocó el claxon y agitó su mano para que Carlos la viera. La sonrisa de este se desvaneció a medida que se aproximaba al auto. Su querida hermana se asomó por la ventana para dejar ver su colorido atuendo, mientras movía su mano y gritaba su nombre: «¡Carlos, Carlos, aquí!».

Ya casi en el auto Carlos gritó: «¡Vamos! ¡Vamos! ¡Vamos!». Carlos se encogió, se haló la gorra para cubrirse los ojos y tomó el mando de la rápida salida. Dicho sea a su favor, luego de alejarse de la escuela Carlos felicitó a Berta por su vestuario. «¡Me vestí exactamente como tú!», contestó la niña con dulzura.

Las madres de los niños pequeños deben reconocer que ponerse ropa es una diversión y no se deben preocupar por las combinaciones atrevidas que puedan crear sus pequeños. Si deja que sus niños sanguíneos se diviertan con ropa cuando son pequeños, será menos probable que se rebelen con atuendos raros cuando sean adolescentes.

Modestia

Las niñas sanguíneas aprenden pronto el valor del encanto sexual para llamar la atención. A la hija sanguínea de Bárbara,

Alejandra, le encanta llamar la atención. Cuando llegó el momento de su graduación salió a la sala para mostrarle a su mamá el vestido nuevo que había comprado. Bárbara se quedó con la boca abierta al ver que Alejandra traía un corpiño de terciopelo negro de donde salía su amplio pecho. «¡Tú no vas a ir a la graduación vestida así!», dijo la madre.

Bárbara quería tomar un pedazo de terciopelo negro y cosérselo al vestido hasta la barba de su hija, pero recordó lo importante que era para Alejandra recibir admiración y atención. La madre y la hija tuvieron una larga conversación sobre el recato y Bárbara terminó cosiendo una pequeña pieza que todavía mostraba un poco de la hermosa figura de su hija.

A los padres les corresponde enseñar la modestia a su hija sanguínea aunque le permitan ser la más bella del salón. Si tiene un hijo, o hija, sanguíneo que utiliza su sexualidad para llamar la atención o la admiración, enséñele el valor de vestirse con recato. Sin embargo, no responda de manera tan rígida o se va a revelar y lejos de casa se vestirá de manera aun más provocativa.

Creatividad inusual

Los niños sanguíneos son muy creativos, tienen muchas formas de hacer las cosas. La madre del sanguíneo Guillermo me habló sobre una presentación oral de un libro que su hijo tenía que preparar para su clase. Guillermo tenía que vestirse como un personaje y dar su presentación. Así que eligió a Ribsy del libro *Henry y Ribsy* de Beverly Cleary. El domingo por la noche antes de la presentación, su madre le preguntó qué iba a decir. Él se sentó frente a ella y dijo: «Jau, jau, jau, jau, jau, que en lenguaje canino significa "Hola, soy Ribsy"», dijo el niño. Enseguida procedió a dar un relato de cinco minutos sobre *Henry y Ribsy*, y en cada uno de los libros de Beverly Clears donde aparecía Ribsy. ¡Era magnífico! El día del informe todos los niños se pusieron de pie y leyeron los informes que declaraban: «El personaje que elegí fue... el libro que leí fue...» Guillermo presentó su informe exactamente como lo había practicado y a toda la clase, a los padres y a su maestro les *encantó*. ¡Fue la sensación del día!

Cuando su hijo sanguíneo se torne muy creativo, asegúrese de no reprimir su imaginación en un esfuerzo por hacer que se adapte a lo ordinario en la vida. Por el contrario, aliente a su hijo para que use su extraordinaria imaginación.

Perspectivas coloridas

Los niños sanguíneos creativos ven las cosas en cuadros y utilizan expresiones que nadie elegiría. Cuando Marita estaba en kindergarten, su maestra me envió una nota expresando su preocupación porque Marita había hecho un dibujo de su madre en el cual me dibujaba con cabello púrpura. Le pregunté a Marita por qué decidió dibujarme con el cabello púrpura. Enseguida la niña contestó: «No tenían crayones rubio».

Pedro, de diez años, quería hacerle una tarjeta especial de cumpleaños a su bisabuelo de noventa y siete años, un ex golfista. Sin ninguna ayuda escribió: «Abuelo Mac, durante tu vida le pegaste a la pelota noventa y siete metros rectos y ahora solo te quedan como treinta centímetros».

Motive la habilidad de su hijo para hacer la vida colorida y no trate de meterlo en un molde gris y rutinario. ¡El colorido de la creatividad del niño sanguíneo les da vida a los días tediosos!

cuatro

CRIANZA DE UN NIÑO SANGUÍNEO

Si usted es padre o madre de un hijo sanguíneo, va a disfrutarlo. La vida con este manojo de energía será emocionante, pero será necesario enseñarle a equilibrar la diversión con la atención y la disciplina.

Debido a que estos niños se distraen con facilidad, requieren constante supervisión para hacer sus tareas. Es posible que en algunas ocasiones los padres consideren que sería más fácil hacer la tarea ellos mismos. Sin embargo, esta actitud solo serviría para enseñarles que si hacen mal una tarea rutinaria evitarán que de nuevo se les pida que la hagan. En cambio, es conveniente elogiar al hijo por *sus* logros. Los sanguíneos se nutren de la aprobación y si ahora se les halaga por una pequeña tarea, mañana podrán hacer más.

A los sanguíneos se les conoce porque hablan antes de pensar, así que es prudente orientar al niño para que sea cuidadoso con lo que dice. Nunca logrará un éxito completo tratando de evitar los comentarios irreflexivos de la lengua de un sanguíneo, pero puede ayudarlo a reconocer lo que está haciendo.

A pesar de las dificultades que tienen para completar las tareas asignadas, a menudo los sanguíneos se comprometen en múltiples proyectos. Dado el reconocimiento de su entusiasmo por las actividades nuevas y emocionantes, además de su incapacidad para decir *no*, es preciso ayudar a los hijos sanguíneos a evaluar sus horarios de manera realista. Halague su carisma y ayúdelos a renunciar en algunas ocasiones para no ser siempre el centro de atención, pero no lo cohíba de todas sus actividades fuera de la escuela.

Aparte de la personalidad que como padre usted tiene, encontrará que debe permitir que su hijo sanguíneo se divierta, pero enséñele que las metas y la disciplina son necesarias para el éxito. No obstante, dependiendo de su propia personalidad, habrá consideraciones específicas que usted debe comprender.

Padre popular con un hijo popular

Los hijos y los padres sanguíneos populares comparten un entusiasmo por la vida y un sentido del humor que los mantienen juntos. Ambos poseen optimismo natural y buen ánimo por la vida así como la habilidad natural para elogiarse abundantemente entre sí. Marita y yo tenemos lo que llamamos nuestra sociedad de admiración mutua. Nos llamamos cada vez que necesitamos levantar el ánimo. Hay algunos inconvenientes con esta combinación, pero a pocos sanguíneos realmente les importa.

Atención, por favor

Debido a que a ambos les gusta estar bajo los reflectores, los padres y los hijos sanguíneos pueden encontrarse compitiendo por ser el centro de atención. Los padres populares deben ser cuidadosos para evitar esa competencia, especialmente durante los años de la adolescencia. Cuando una adolescente sanguínea trae a casa a un amigo, su madre puede sentirse tentada a desviar la atención del muchacho hacia ella. Si la hija se queja, la madre sanguínea con actitud de sorpresa e inocencia siempre responderá típicamente: «¿Qué hice? Solo trataba de agradar a tu amigo». Los padres sanguíneos necesitan estar atentos a estos conflictos o todo el amor mutuo y la admiración que las dos personas comparten podría convertirse en celos y competencia.

Planes sin acción

En la incesante búsqueda de la felicidad, quizá los sanguíneos populares nunca unen todas las piezas de la vida. Las estudiantes sanguíneas con frecuencia triunfan como Señorita Simpatía o el que más posibilidades tiene para alcanzar el éxito, pero se les pueden diluir sus posibilidades, a menos que se les obligue a establecer metas y a organizarse. Emilia Barnes me contó de una amiga a quien trataba de ayudar con su discurso.

«Ella tenía mucho talento y una personalidad magnética», dijo Emilia. «Pudo ser un gran éxito, pero no logré que se enfocara en un área y que lo hiciera bien. A medida que avanzaba, se aburría e intentaba otra cosa diferente. Así que, por desgracia, hoy está precisamente donde estaba cuando comencé con ella hace varios años». A fin de evitar esta desilusión, los padres sanguíneos tendrán que hacer esfuerzos adicionales para infundir un sentido de disciplina en sus hijos sanguíneos.

Los padres sanguíneos con hijos sanguíneos requieren cierto enfoque y organización ellos mismos, y transmitir el mensaje a sus hijos de que esas cualidades se necesitan para alcanzar un máximo potencial. Un sanguíneo atolondrado siembra semillas de posibilidad, pero si no hay un sentido de enfoque para el futuro, rara vez las semillas darán fruto.

Disciplina es diversión

Los pequeños sanguíneos son capaces de convencer a sus amigos de que cualquier castigo que reciban es realmente divertido. Ana me contó un ejemplo de esto en su juventud, su madre no sabía cómo controlar la gran energía de la niña. En un intento de controlar su energía y naturaleza sociable, su desesperada madre la amarró a un árbol en el jardín de enfrente esperando que esto humillara a Ana, de cuatro años, y que se comportara como su hermana melancólica. En cambio, Ana manejó la situación de tal modo que convenció a los hijos de sus vecinos de que era algo maravilloso y estos les rogaron a sus padres ¡que también los ataran a un árbol!

Arrepentimiento fingido

De niña, mi hija Marita alternaba entre hacer que la disciplina pareciera diversión y llorar fuerte después de una nalgada. Hace un par de años en la convención de la Asociación de Libreros Cristianos, una pequeña niña sanguínea vino a nuestro cubículo. La niña era una réplica de Marita a la edad de cinco años. Marita preguntó a la niña qué quería ser de grande y ella le contestó: «Quiero ser comediante». La madre la interrumpió y declaró: «Dios tiene un llamado para su vida y ella va a ser una cantante cristiana». A medida que la madre explicaba sobre ese «llamado», la niña se tapó los oídos, sacudió la cabeza y cantó fuerte. La madre estaba furiosa y murmuró: «No sé qué hacer con ella». Mientras la madre se alejaba, la niña le dijo a Marita: «Realmente acabo con la paciencia de mi mamá y siempre estoy metida en muchos problemas». Marita le respondió a la niña con estrategias sobre cómo evitar el doloroso castigo: «Cuando la veas venir, comienza a llorar, y cuando te dé una nalgada empieza a gritar inmediatamente para que piense que de verdad te lastimó. Una vez que la convenzas de que tienes dolor y que lo lamentas, dejará de darte nalgadas. Todo lo que los padres esperan de ti es una actitud de arrepentimiento. Estoy segura de que aprenderás a ser convincente con un poco de práctica». Cuando escuché a Marita enseñar el arrepentimiento fingido, me di cuenta que era lo que hacía conmigo y había logrado engañarme.

Todo el mundo me ama

Los sanguíneos se deleitan al saberse amados. Una abuela sanguínea me contó que se divertía mucho con su nieta sanguínea Aimee porque se parecían mucho entre sí. Un día mientras jugaban en la piscina, la abuela abrazó a la nieta y le dijo: «Realmente te quiero, cariño». «Ya lo sé, tú me amas, mami me ama, papi me ama, Jesús me ama. ¡Toda la gente que conozco me ama!»

Cuando su hijo sanguíneo tiene el tanque de amor lleno, viajará por toda la vida con energía de gozo y a lo largo del viaje podrá dar destellos de amor a los demás.

Padre autoritario con un hijo popular

El padre colérico autoritario con un niño sanguíneo popular que ama la diversión puede ser una excelente combinación. Comparten una perspectiva optimista y disfrutan la cercanía de las personas y su actitud hacia los logros los convierte en un gran equipo. Uno hace el trabajo mientras el otro entretiene a los invitados.

Sin embargo, los padres deben ser muy cuidadosos para no minimizar las diferencias entre las dos personalidades. El punto débil de esta combinación se hace evidente cuando los padres no comprenden su propia personalidad. Debido a que a los padres autoritarios les encanta el trabajo y los resultados rápidos, piensan que todos deben trabajar igual que ellos.

¿Cuándo podemos descansar?

La extrema compulsión por el trabajo del padre autoritario (y la expectativa de que los demás sean igual) puede agobiar al niño popular. Este niño con frecuencia opta por alejarse de los padres y hallar otro sitio para divertirse. Como madre, mi enfoque hacia el trabajo lo hacía de una manera colérica, y yo esperaba lo mismo de mis hijos. Un día Lauren me dijo: «Si alguna vez quisiera descansar es seguro que no vendría a casa». Si su hija/o sanguínea pasa más tiempo con la señora vecina que con usted, tal vez sea porque la percibe como un sargento y sabe que estar en casa significa tener que trabajar, y ¡eso no es divertido!

Mucho amor

Los niños sanguíneos buscan amor dondequiera que puedan encontrarlo. El padre colérico que comprende esta necesidad emocional puede ganar el afecto eterno de su hijo al ofrecer con claridad la conducta esperada y luego ofrecer derroche de halagos cuando los logros se acercan a las normas establecidas. Los elogios y la aprobación motivan a los niños sanguíneos pero la crítica los destruye. Aprecie su sentido del humor, no se ría de ellos y bríndele mucho afecto. Su hijo aceptará con agrado el liderazgo de los padres siempre que reciba suficientes halagos.

Bromas adorables

Algunas veces, con sus maneras de lograr éxito, el hijo popular se convierte en el consentido del padre autoritario y logra que le acepten conductas que significarían un castigo para otros niños. Recuerdo que de niña Marita tomaba dinero de mi cartera para comprarme un geranio con *mi* dinero. Me parecía que era dulce y adorable y durante un tiempo ni siquiera consideré esto como una acción negativa. «¿Cómo puede uno enojarse con un hijo que le roba dinero para comprarle un regalo con lo robado?»

No obstante, recuerde que al hijo popular le encanta actuar y sabe cómo llegar a ser lo que percibe que el padre, o la madre, desean. Actuar es divertido, ¡especialmente si produce resultados!

¡Eso no es divertido!

Mientras los coléricos, sin emociones y orientados a las tareas se enfocan hacia los resultados, los sanguíneos tienen la pasión de hacer una diversión de cada situación de la vida. A la pequeña Ani sanguínea le encanta recibir atención y la recibe de su abuelo colérico que la mima mucho. A la niña le encanta que el abuelo la mencione en sus sermones y la traiga ante la presencia y la atención de la congregación. Cuando su abuelo recibió una invitación para predicar en la iglesia local, en repetidas ocasiones Ani le preguntó si la iba a mencionar desde el púlpito. Un día o dos antes de la predicación de su abuelo, Ani le preguntó: «Abuelo, ¿cuál es el título del sermón?». El abuelo respondió:

«Cuando el cielo guarda silencio». Un tanto desilusionada, Ana, que nunca se quedaba callada, dijo: «Bueno, ¿y cómo voy a encajar yo en un sermón así?».

En otra ocasión, cuando ella le preguntó qué iba a predicar, el abuelo le contestó que el sermón iba a ser sobre el infierno. Ani dijo: «Bueno, eso es deprimente. ¿Por que no hablas de mí?, así será divertido y ¡no será nada deprimente!».

Si los padres coléricos estuvieran dispuestos a escuchar, la inclinación de los niños sanguíneos por la diversión les resultaría amena. Asimismo, los niños podrían interactuar en un nuevo estilo de estímulo para la vida con sus padres prácticos.

Padre perfeccionista con un hijo popular

Los padres melancólicos perfeccionistas con hijos sanguíneos populares pueden constituir una emocionante mezcla de personalidades opuestas donde uno llena el vacío del otro. Los padres perfeccionistas pueden ayudar a sus hijos a desarrollar mucha de la habilidad de organización que necesitan, mientras que los niños sanguíneos pueden inyectar humor y diversión en el hogar. Sin embargo, no es fácil producir una mezcla balanceada. De hecho, sin comprender las personalidades, estas dos tienden a expresar lo peor de cada uno y son la combinación más volátil.

¿No ha terminado todavía?

Los padres melancólicos que esperan que cada niño haga las cosas a tiempo y correctamente descubren que su hijo sanguíneo no tiene un pensamiento serio ni una mente organizada. Si por naturaleza el padre es organizado y disciplinado, su niño no lo es. Así que es necesario ayudar al pequeño sanguíneo a desarrollar la disciplina que el padre domina de manera magistral. Cuídense de no estar criticando constantemente al niño, eso no los llevará a ninguna parte.

Cuando el niño sanguíneo no obtiene el elogio que necesita tan desesperadamente, se esfumará su disposición de realizar algo. Los padres criticones y quisquillosos hacen que estos niños se desalienten y se les apague su personalidad burbujeante, guardando su humor para personas que los aprecien. Sin una audiencia de aprecio en casa, el niño sanguíneo se siente sin valor y su necesidad de aprobación tal vez lo motive a llegar a ser el payaso de la clase o a convertirse en un problema de disciplina. El niño sanguíneo tratará de conseguir atención a cualquier precio, ya sea positiva o negativa.

Para evitar estos problemas, concéntrese en lo positivo de su hijo, premiándolos por los trabajos bien hechos con halagos y oportunidades para una diversión creativa. Motive a su hijo para que continúe con su enfoque brindándole el amor y la aprobación que necesita cuando él trata de complacerla.

¿Pulcro y limpio? ¡Para nada!

A los niños sanguíneos les encanta trabajar o limpiar la casa si es divertido, pero no espere que la tarea sea del todo perfecta. La melancólica Eva María se sintió frustrada, justo desde el principio, con su hija sanguínea. La madre trataba con desesperación de enseñar a la niña a ser organizada, recogerlo todo y realizar todas las tareas tan queridas para el corazón de su madre melancólica. «Nunca llegarás a nada si no ordenas tu vida», le repetía Eva María a su hija, creyendo sinceramente que fijaba los preceptos melancólicos que depositaba todo el tiempo en la cabeza de su hija. Jésica aprendió a pasar por alto las instrucciones de la madre y a felizmente seguir siendo a su manera sanguínea.

Eva María informa que años de orientación amable y rabietas han dado por resultado una joven de dieciocho años, un poco mujer y un poco despreocupada, de aspecto agradable, amplia sonrisa y ojos vivarachos. Su pelo está bien arreglado, su maquillaje parece profesional. Jésica encanta a todos los que conoce, entra a una habitación y todos la siguen con los ojos. Si viviera en un hoyo sería popular entre los topos y las tuzas. Pero no cambiaron sus hábitos en casa. Eva María aprendió a gozar la personalidad, más que a quejarse del dormitorio de su hija Jésica. En tanto, a Jésica le gusta más su madre así.

No importa cuánto lo intenten los padres, los hijos sanguíneos nunca serán tan organizados ni tan limpios como para satisfacer sus normas perfectas. Aprendan a llegar a un acuerdo permitiendo un poco de desorden en áreas designadas. Al menos, se podrá controlar el desorden de esa manera. Recuerde que los dormitorios tienen puertas, ¡ciérrelas y aléjese!

¿Qué lista de cosas pendientes?

Los padres melancólicos tienen la tendencia de basar la disciplina en la conducta «normal». Establecen las reglas y hacen una lista; el niño sigue las reglas y tacha lo que ya hizo de la lista. Parece simple. Pero para el niño sanguíneo, que olvida lo que está haciendo mientras se desplaza de una habitación a la otra, solo vive el momento y no puede ver las consecuencias a largo plazo (realiza incluso tareas serviles con tal de recibir el halago de una audiencia), la idea de tender la cama a solas en el dormitorio y luego recordar ir a la lista para marcar lo que hizo, raya en lo imposible.

Sigan al líder

El padre perfeccionista que espera que todos sus hijos se alineen detrás como patitos siguiendo al líder, se ahorrará muchos dolores de cabeza si puede ver a su hijo sanguíneo como a un bufón de la corte que Dios le dio y que se le presenta como un alivio cómico en un mundo pesado y serio. Reconozca que lo más probable será que no sea un físico nuclear, pero tenga confianza en que el encanto de su hijo y la habilidad para relatar historias mejor que cualquiera lo llevará a lugares nunca antes soñados.

Mi madre quería que todos sus hijos fueran músicos, así que nos matriculó en clases de música. Con cierto esfuerzo aprendí a tocar algunos himnos en el piano, Jaime tomó clases de piano y canto, y Ron tocaba la trompeta lo suficientemente bien como para estar en la banda de la escuela secundaria. Sin embargo, nuestras personalidades populares tenían más interés en la diversión que en practicar las notas musicales.

Cuando todavía Ron estaba en la escuela elemental, comenzó a memorizar la letra de los discos de Spike Jones, podía seguir las canciones perfectamente y reunió objetos para hacer efectos de sonidos a fin de realzar su actuación. Ron encontró una vieja palangana galvanizada y pasó días llenando un cubo con vidrios rotos. En cierto momento del disco, vaciaba los pedazos de vidrio del cubo a la palangana, haciendo un horrendo alboroto. Cada vez que lo hacía, mi madre gritaba y se apoyaba en el marco de la puerta, convencida de que el mundo llegaba a su fin. Mi madre trataba de disuadirlo de sus travesuras, pero él persistía felizmente. En la escuela secundaria, Ron participaba en espectáculos, escribía comerciales cantados y se convirtió en el disc jockey [quien pone discos], cualquier cosa antes de hacer la tarea. Mi mamá sabía que nunca lograría mucho, pero en la actualidad es el personaje más popular de la radio en el área de Dallas/Fort Worth y por ser gracioso ha ganado más dinero de lo que mi madre jamás imaginó.

Mi hermano Jaime se convirtió en capellán de las Fuerzas Aéreas y se retiró como coronel. Yo daba clases de inglés y oratoria, y ahora escribo y soy conferencista. Todos nos ganamos la vida con la boca a pesar de las profecías pesimistas de mi madre. Nuestro «hablar demasiado» dio frutos.

Reconozca que no todos sus hijos van a hacer cosas «normales». Luego entusiasme a cada uno según a sus virtudes particulares, aunque no estén de acuerdo con lo que usted quisiera o le gustaría. No le siga repitiendo: «¿Por qué no te pareces más a fulano o mengano?». ¡No trate de encajar clavijas cuadradas en agujeros redondos!

Busque fortaleza para esperar el ciclón

Mientras que un padre melancólico avanza por la vida en paz y orden, los hijos sanguíneos con frecuencia buscan la emoción, la energía y el ruido. Hace poco Jésica se hizo cargo de cuidar una casa durante dos semanas y se detuvo en su casa para cenar con sus padres. Eva María describió lo tranquila y serena que estaba la casa antes de que llegara su hija, excepto por el gato que ronroneaba, no había un solo sonido que la distrajera de la novela que estaba leyendo. Entonces, llegó Jésica. Tiró la puerta del garaje. «¡Qué oscuridad hay aquí!», exclamó y fue encendiendo todas las luces a su paso. «¿Qué están haciendo? ¿Por qué hay tanto silencio? ¡Hay demasiado silencio!» Jésica lanzaba preguntas rápidas a medida que entraba al santuario de la sala y tomaba el control remoto de la televisión. De inmediato la habitación se llenó con los sonidos de una película de Tarzán, elefantes, monos y otros sonidos indistinguibles de la selva. «Había tanta tranquilidad», comentó Eva María solo para que Jésica sonriera vivazmente y contestara: «¡Era deprimente!»

Es muy posible que los sanguíneos y los melancólicos nunca estarán de acuerdo en lo que constituye un ambiente «perfecto», pero si uno comprende la personalidad del otro, podrán aprender a vivir juntos en paz.

¡Usted no comprende!

Los sanguíneos quieren que los demás sientan emoción con ellos y sientan su dolor. Como padres no podemos hacer juicios ligeros sin tomar algo de nuestro precioso tiempo para sentir conmiseración con comprensión y verdadero sentimiento. En su libro *Staying Friends with Your Kids* [Permanecer amigos con tus hijos], Kathy Collar Miller relata cómo aprendió esta lección[3]. Kathy aprendió a lidiar con su hija sanguínea aunque no tenía un sentimiento personal de identificación con sus emociones.

Un día, cuando su hija Darcy estaba en la escuela primaria, Kathy pasó cerca de su dormitorio y la escuchó llorar. Kathy abrió la puerta, se asomó y vio a Darcy sentada en su cama mientras le corrían lágrimas por las mejillas. «¿Qué pasó?», preguntó Kathy imaginándose algo horrible.

Darcy miró a su madre con labios temblorosos y gritó: «No tengo con quien jugar». Kathy sintió que una sensación de alivio e incredulidad comenzaba a aumentar. *«¡Es ridículo que esto cause tal berrinche!»*, pensó. Por fortuna, Kathy comprendió el amor sanguíneo que Darcy tiene por la gente y su necesidad constante de divertirse con los demás. Al recordárselo a sí misma, Kathy se pudo condoler con ella y comprender la razón de sus lágrimas.

Sin embargo, las cosas no son tan simples como las puso Kathy. Como melancólica, con frecuencia Kathy trataba de repetir los sentimientos que su hija sanguínea experimentaba sin sentir ella misma emoción real. Pero esta práctica, al pasar el tiempo, solo hizo que Darcy se irritara más. La niña sintió que las preocupaciones verbales de su madre eran fingidas. Mientras Kathy estaba aparentando que comprendía la depresión dramática de su hija, su falta de pasión por esas emociones comunicaban que a ella realmente no le importaba. Aunque para los padres melancólicos sea difícil dejar ver las emociones, deben hacerlo así o nunca convencerán a sus hijos de que realmente los comprenden.

No hay otro lugar como el hogar... Excepto...

Por lo general, los niños sanguíneos gozan de la cálida y hogareña atmósfera que una madre melancólica puede crear, pero aun así tienen la necesidad de ir por el mundo y socializar. La melancólica Bárbara se sentía orgullosa de un hogar impecable, con muchos buenos libros, vídeos y actividades recreativas para sus hijos. Aunque Bárbara había leído incontables libros sobre la crianza y creado un cálido hogar lleno de amor, se sentía rechazada cuando su sanguínea hija Alicia salía por ahí en busca de diversión.

La niña se alejaba desde que tenía como tres años de edad, mientras que su hermano y hermana estaban jugando o leyendo. Bárbara sentía pánico y caminaba todo el vecindario antes de encontrar a la niña en la casa de un vecino viéndolo atender el jardín o ayudando a hornear galletas. Todo el mundo amaba a Alicia y estaban felices de tenerla. Sin embargo, Bárbara se preguntaba qué faltaba en su hogar que Alicia tenía que ir a la casa de alguien más en busca de diversión. Cuando Bárbara aprendió sobre las personalidades, se dio cuenta que los sanguíneos buscan todo el amor y la atención que puedan tener, siempre buscando un nuevo escenario para sus desempeños continuos. Para la sanguínea Alicia ese escenario con frecuencia se hallaba más allá de la puerta de la casa.

Los padres melancólicos necesitan dar permiso a sus hijos sanguíneos para salir y ser más sociables de lo que podrían desear ellos mismos. Así que no se preocupen porque sus hijos sanguíneos regresarán... después del último acto del día.

Demasiados detalles

Los padres melancólicos son fantásticos para recordar y describir cada pequeño detalle, pero los niños sanguíneos no siempre necesitan escucharlos. El sanguíneo Carlos tenía doce años cuando se acercó a su madre melancólica para preguntarle qué significaba la palabra *galimatías*. Carlos había estado con los hijos de los vecinos, la madre de ellos había usado esta palabra y no comprendían el significado. Carlos corrió a su casa para recibir una rápida respuesta y así regresar enseguida par decírsela a sus amigos. Temeroso de que su madre le respondiera «Búscala en el diccionario», Carlos se alegró cuando su madre comenzó a explicarle. Pero cinco minutos después la madre seguía detallando las raíces latinas de la palabra y ya Carlos se estaba poniendo ansioso. Su madre sintió la falta de interés y habló aun más para hacer que su hijo pusiera atención. Mientras más insistía ella, más se resistía él. Por fin, la madre decidió que fuera a buscar el libro *Mujercitas* (solo una melancólica podría recordar que este libro usa la palabra *galimatías*) y pasara el resto de la tarde leyéndolo. Todas las noches, durante dos semanas, Carlos tenía que leer el libro. «Mis amigos sentían pena por mí», recordaba Carlos, ya siendo adulto. «Todo el vecindario se mofaba de mi mamá y la llamaban la señora Conferencista. Yo odié el libro y detestaba a mi madre por hacérmelo leer. Todo lo que hice fue dirigirle una simple pregunta y ella lo convirtió en un estudio de dos semanas. Después de eso, me cuidé mucho de nunca más pedirle consejo u opinión sobre algo».

Los padres melancólicos deben ser cuidadosos de no forzar sus intereses en los hijos ni insistir en que comprendan más de lo necesario para su edad o para su pregunta. Como dice un viejo refrán: «Cuando quieres saber qué hora es, no necesitas escuchar cómo se construye un reloj».

La moral de la historia

Las personas melancólicas también tienen la tendencia de convertir cada historia de los sanguíneos en una moraleja. Un niño puede relatar un cuento humorístico de las cosas locas que hizo hoy, y los padres le señalan cómo no volver a cometer ese error. Después de un rato, el niño deja de hablar en casa y se guarda su humorismo para los amigos.

Con frecuencia hablo con adolescentes sanguíneos cuyos padres piensan que son melancólicos. Cuando le pregunto al adolescente cómo es posible eso, dicen que sus padres no piensan que sus historias sean graciosas y cualquier cosa que les digan es motivo de corrección o de rechazo, así que simplemente ya no les dicen nada. Se encierran en el dormitorio y guardan su verdadera personalidad para los amigos. Los padres necesitamos aprender a escuchar sin interrumpir y no tener el impulso de convertir cada historia de un sanguíneo en una conferencia de moral. Goce a sus adolescentes sanguíneos y ríase con ellos o se convertirá en uno de esos padres que me dicen: «¿Cómo lo hago hablar?».

¿Por qué mis niños no me aman así?

En algunas ocasiones los niños sanguíneos se ligan más profundamente con otros sanguíneos que con sus propios padres. A menudo los padres melancólicos tienen dificultades para expresar afecto físico, a veces lo retienen hasta que el niño llegue a ciertas normas. Cuando un padre melancólico da a cuentagotas en el área del tacto, los sanguíneos buscarán abrazos y besos donde puedan encontrarlos.

La melancólica Debbie nos contó la historia de la visita de su cuñada sanguínea. El hijo de Debbie conoció a tía Rosa cuando tenía cuatro años, pero sus hermanas no la conocían. ¡Les encantó!, la tía jugaba con ellos, entonaba canciones, les enseñaba dúos de piano y trucos de magia. La hija más joven de Debbie, Carolina, la única sanguínea en la familia, creció muy unida a la tía Rosa y físicamente se unía a ella todo el tiempo. En las mañanas se acostaba con ella y el día que tía Rosa tenía que irse, Carolina no la soltaba. Cuando Rosa se fue a casa, Carolina lloró amargamente. Debbie sabe que Carolina la ama, pero como madre, realmente se sentía un poco celosa de la atención que Carolina daba a Rosa y de los vínculos emocionales obvios que tomaron lugar tan rápidamente. «Eran dos guisantes en una vaina», decía Debbie.

Ya sea un visitante, un maestro, un amigo o un familiar, los niños sanguíneos se unirán con los primeros sanguíneos que lleguen a la puerta. Un padre melancólico debe tener la certeza de dar a sus hijos sanguíneos *tiempo, atención y contacto físico* ¡o encontrarán a alguien más que se los brinde!

Padre apacible con un hijo popular

Los hijos sanguíneos sacan el lado humorístico de sus padres flemáticos. A estos padres les encanta pasar un buen rato siempre que alguien más prepare la fiesta; y al niño popular le encanta fomentar las fiestas siempre que la gente acuda. Los sanguíneos son una fuente constante de entretenimiento y se nutren de la respuesta que reciben de estos padres apacibles. Sin embargo, a pesar de su habilidad para pasar un buen rato juntos, este par enfrentará algunos problemas.

Camino para alcanzar logros

Puesto que ni los padres ni los hijos poseen habilidades naturales de organización, este par es el menos apto para lograr cosas que no sean verdadera diversión. Ninguno de los dos es muy responsable y ambos esperan que otro más aparezca para realizar el trabajo. Los padres flemáticos deben trabajar para desarrollar destrezas organizacionales a fin de que puedan servir de ejemplo para sus hijos. Sin un poco de organización y responsabilidad, estos niños tendrán muchos amigos pero pocos logros.

Todo está bien si hay tranquilidad

Los niños sanguíneos aman a los padres flemáticos porque pueden hacer lo que quieran, siempre y cuando no hagan ruido, no tendrán problemas. Cindy nos relató sobre su marido flemático y una tarde con sus hijos sanguíneo y colérico. Cindy quería ir de compras y le pidió al flemático Don si podía encargarse de su creativo sanguíneo de seis años de edad, su colérica controladora de cuatro años y su amiga también de cuatro años. En la forma típica de los flemáticos, Don estuvo de acuerdo. «No hay problema, lo haré con mucho gusto».

Don decidió tomar una ducha a media tarde y mientras se estaba bañando, su hijo de seis años se acercó a la ducha, cerró ruidosamente la puerta, abrió una rendija, le acercó dos latas nuevas de pintura en aerosol y le pidió: «No podemos quitarles las tapas, ¿nos ayudas?». Don, como padre comedido, quitó las tapas y les devolvió las latas.

Cuando Cindy regresó a casa, las niñas habían pintado el sótano con rayas rosadas y verdes y también ellas estaban bastante pintadas. Cuando terminó de gritar aterrada, Cindy preguntó a su esposo: «¿Cómo consiguieron la pintura? ¿Dónde estabas tú?». No podía creer que Don había abierto las latas. Cuando le pregunté a Don por qué lo había hecho, me contestó: «Porque me lo pidieron». Mientras que los niños estaban callados y parecían felices, a Don no se le ocurrió ver lo que estaban haciendo.

¡Su atención, por favor!

Los niños sanguíneos pueden actuar de manera tonta, absurda o incluso escandalosa, actuando exageradamente en tanto que un flemático apacible permanece en calma y no presta atención a sus payasadas. Sin embargo, la actitud pasiva de un flemático puede ser contraproducente con un sanguíneo que necesita la atención del padre. Rosa, de cinco años de edad, solo llevaba unas cuantas semanas asistiendo al kindergarten cuando la maestra informó a los niños que tendrían un día para tomarles su fotografía y envió una notificación a los padres. La sanguínea Rosa disfrutaba arreglarse y que le tomaran fotos, tenía vestidos bonitos y cintas que combinaban para ocasiones como Pascua y Navidad y podría usar uno para la foto. Sin embargo, ese día por la mañana no tenía un vestido limpio para cambiarse, y su madre flemática todavía estaba dormida. La madre despertó y le dijo que le ayudaría a vestirse, pero se quedó en cama hasta que vino el autobús. Por experiencia propia, Rosa sabía que no debía molestar a su madre, o su padre la castigaría después. Así que la niña se puso su jumper de cuadros y en el baño halló unas cintas que le combinaban. Rosa hizo un esfuerzo especial para arreglarse el pelo con unas coletas y se fue a la escuela, sintiéndose bella y un poco orgullosa porque se había arreglado sola para el día de la foto.

Sin embargo, cuando llegó a la escuela, notó que todas sus compañeras tenían delantales y peinados con rizos que parecían sacadas de revistas. Estaban primorosas y era obvio que habían recibido atención adicional y tratamiento especial de su madre. De pronto Rosa ya no se sintió tan bella, corrió al baño para tratar de arreglarse un poco el pelo y una madre que estaba arreglando a su hija, sintió pena por Rosa. La mujer le puso unos pasadores de pelo para que no se le cayera en la cara, pero ya era demasiado tarde, esa fotografía de Rosa en el kindergarten siempre mostrará una sonrisa forzada y una carita lastimosa que dice: «Por favor, *no me miren*».

Los padres flemáticos necesitan aprender a poner todo su esfuerzo para ayudar a que sus hijas/os sanguíneas sean las adorables princesas o los príncipes que anhelan ser. El momento de una foto es especialmente importante para los sanguíneos, arréglelos de manera especial y envíelos con una palabra de aliento y un aire de confianza.

Cualquiera que sea el tipo de personalidad del padre, si tiene un hijo sanguíneo, aprenda a apreciar el buen humor y temperamento vivaz de su hijo. Ayúdelo a aprender a llenar las debilidades de su personalidad destacando la importancia de equilibrar la responsabilidad y la organización con la diversión y la emoción. Deje que su hijo sanguíneo se divierta, pero enséñeles que necesitan establecer metas y disciplinarse para alcanzar el éxito. Sobre todo, espere que su hijo le dé sorpresas. ¡Cada día será una aventura emocionante!

CARACTERÍSTICAS DE UN COLÉRICO CONTROLADOR

COLÉRICO

Personalidad autoritaria
El extrovertido · El líder · El optimista

Necesidades emocionales: Apreciación de sus logros, oportunidad de liderazgo, participación en las decisiones familiares, algo que controlar (su habitación, el garaje, el patio, el perro)

Evita: Reposo, aburrimiento, jugar juegos que no pueda ganar

Virtudes	Debilidades
BEBÉ	
· vivaz	· obstinado
· aventurero	· demandante
· dinámico	· bullicioso
· extrovertido	· arroja cosas
· precoz	· no duerme
· líder de nacimiento	

Virtudes	Debilidades

NIÑO

• atrevido	• manipulador
• trabajador productivo	• hace rabietas
• percibe las metas	• inquieto
• se mueve rápidamente	• insistente
• autosuficiente	• pone a prueba
• competitivo	• polémico
• aseverativo	• terco
• confiable	

ADOLESCENTE

• agresivo	• muy mandón
• competente	• controla a los padres
• organiza bien	• sabe de todo
• asume liderazgo	• subestima a los demás
• resuelve problemas	• no es popular
• confianza en sí mismo	• puede convertirse en líder
• estimula a los demás	• insulta
• excelente en emergencias	• crítico
• gran potencial	• no se arrepiente
• responsable	

Mientras Marylin cuidaba a su nieto de tres años, le sugirió que arreglara su desastroso dormitorio para darle una sorpresa a su mamá. El niño dijo: «¡E una bena ilea!» (Que traducido significa «¡es una buena idea!»). En el proceso, Marylin le dio un juguete y le pidió que lo colocara en la caja de los juguetes. «No, no puedo», dijo el niño. Cuando la abuela le preguntó por qué, él dijo con todo orgullo: «Yo soy el jefe».

A los tres años de edad, ya comprendía su posición de supervisor.

Si hay una personalidad que pudiera probar que, en efecto, hemos nacido con una dirección de conducta, esa es la del niño colérico.

Desde el mismo inicio este pequeño sabe que tomará el control de toda la familia, solo es un asunto de saber cuándo será. Recuerdo la visita que hice a una amiga que acababa de tener una bebé. La niña estaba cerca de la madre en una cuna de mimbre y de vez en cuando daba un grito. Sin embargo, no lloraba por su botella de leche, gritaba para tomar control y lo logró. La madre se acercaba de inmediato y preguntaba: «¿Qué hago?». Desde el principio la bebé sabía que ella iba a dominar. Sin embargo, estos niños controladores tienen algunas necesidades emocionales que son muy diferentes de los demás.

Apreciación y control

Como hemos visto, el sanguíneo está buscando atención y aprobación de todos. Al colérico no le importa lo que piensen los demás, siempre y cuando le den crédito y *aprecio* por todo lo que hace a favor de aquellos que no parecen estar haciendo nada.

Los niños coléricos serán los mejores ayudantes si se les muestra agradecimiento y se les halaga por sus logros. Ellos piensan en términos de trabajo y deben estar ocupados para sentirse bien consigo mismos. Si no les da algo para hacer, arreglarán una cosa que usted ni siquiera sabía que estuviera rota. Si están muy ocupados permanecen lejos de los problemas, pero ociosos, se convierten en el jefe de los desórdenes. Les gusta escuchar comentarios como «no puedo creer que hayas limpiado tan rápido tu dormitorio» o «tú haces más cosas que ninguna otra persona que yo conozca».

Además de los halagos por el buen trabajo, los coléricos necesitan sentir que uno está de su lado y que es leal a su causa. Ellos ven la vida en blanco y negro y su actitud es «estás de mi parte o en mi contra». Si está con ellos, le irá muy bien. Pero si está contra ellos, ¡cuidado! Lo mejor es serles leal y estar a su lado.

Los coléricos también quieren que usted comprenda su necesidad de *control*. Si se les subestima en casa y no se les considera una parte productiva de la familia, pueden ir a la escuela y pelearse con sus compañeros o reñir con la maestra. Al niño colérico le encanta lograr una reacción de sus padres, y aunque los zurren consideran que vale la pena con tal de enojarlos.

Sue era una madre amorosa y dócil con un niño colérico llamado Terry. Cuando Terry tenía tres años ya ella había agotado toda su resistencia a causa de la falta de obediencia del niño, su alto grado de energía y su gozo al desesperar a la madre. Cuando se recostó en el sillón mientras lo veía jugar, él se acercó al tocadiscos y haló los viejos discos de los cuales ella no quería deshacerse. Se veía tan feliz sacando todos los discos de los estuches que ella no objetó hasta que los dejó todos regados sobre la alfombra y comenzó a bailar sobre ellos.

Sue le ordenó a Terry que se detuviera, pero eso le dio más energía. Por último, Sue se levantó del sillón y le gritó. Terry estaba encantado de haberla hecho levantar y comenzó a bailar con más dramatismo, balanceando sus pequeñas manos en el aire. Sue estaba descontrolada, pero los gritos no produjeron efecto alguno.

Sue tenía que aprender a hacerse cargo de Terry a la primera señal de problema y no alejarse. El niño colérico necesita que lo *aprecien* y necesita *controlar* algo —sus juguetes, su habitación, sus basurero, su perro, su ropa de lavar— pero asegúrese de que no sea usted.

Pongamos las reglas

Los coléricos saben que hay necesidad de reglas en la vida pero ellos quieren ser quienes las impongan. De hecho, creen firmemente que ellos deben poner las reglas y el resto de las personas deben estar agradecidas por contar con su dirección. Desde que tenía dos años de edad, Dallas supo que su abuela no «hacía nada bien». Al subir al auto, Dallas podría decir: «¡Abuelita, ponte el cinturón de seguridad! ¿Tienes suficiente gasolina, la aguja del tanque está marcando lleno o vacío? ¿No vas demasiado aprisa? La aguja debería estar en 3 y 0. Pon las dos manos sobre el volante. No voltees cuando estés manejando, podríamos chocar». El pequeño Dallas no tenía idea de que su abuela estaba a punto de enloquecer.

Un día, a los tres años de edad, Dallas y su padre recogieron a los abuelos en el aeropuerto. Al entrar al auto, el niño señaló la puerta y le dijo al abuelo: «Tú vas en el asiento de enfrente con mi papá para que hablen. Mi abuelita y yo tendremos un rato de privacidad en el asiento de atrás». Todos se sentaron donde Dallas indicó y siguieron las reglas hasta que el abuelo, olvidándose de las instrucciones por un momento, le hizo una pregunta a la abuela. De inmediato Dallas habló: «¡Abuelo, espérate hasta que llegues a la casa! ¡Recuerda las reglas!».

Enséñele al colérico a ver la estructura de la vida y hacer las reglas y metas para sus propias actividades, pero no permita que establezca los horarios del padre solo porque sea precoz.

A mi manera es la única manera

Decir que los niños coléricos tienen una idea de sí mismos sería suavizar mucho la realidad. Están decididos a hacer las cosas en sus términos. Cuando mi hija Lauren tenía cinco años, tomaba clases de danza. Para el recital, un grupo estaba haciendo un número de mini-Rockettes y Lauren era la última para salir del escenario bailando. En el recital, la niña que estaba enfrente de Lauren no se movió muy rápido, y sin perder un momento, Lauren le sonrió a la audiencia e hizo a un lado a la niña. ¡Eso enseñará a todos a no ponerse en su camino!

Otra madre me contó sobre el recital de danza de Carolina, una niña de tres años. En medio del número del grupo, Carolina se cansó de bailar y se sentó en el mismo centro del escenario. La maestra trató de llamarla, pero ella no se movió hasta que terminó el baile. Entonces se levantó, saludó bajando la cabeza y bailó con los demás.

No importa cuál sea la ocasión, los coléricos están determinados a hacer las cosas a su manera.

No juegan a seguir al líder, a menos que ellos sean los líderes. ¡Es a su manera o de ninguna manera!

El colérico Johnny se estaba portando mal y lo enviaron a su habitación. Después de un rato salió e informó a su madre que había estado pensando en el asunto y había orado. «Bien», respondió satisfecha la madre. «Si le pides a Dios que te ayude con tu mal comportamiento, Él te ayudará.» Sin perder un instante Johnny le contestó: «Oh, no le pedí que me ayudara a no portarme mal, le pedí que te ayudara a soportarme». Los coléricos tienen la determinación de hacer que el resto del mundo baile al ritmo de *su* son.

Perfectos... cuando quieren serlo

Los niños coléricos no son perfeccionistas como los melancólicos sino que quieren las cosas bien hechas cuando son importantes para ellos. Lo que es «correcto» puede ser diferente para cada niño y las áreas en las que el niño decide ser meticuloso son obvias desde una edad temprana.

La primera palabra de la pequeña Susy fue «no», y la utilizaba en voz alta para que las cosas se hicieran a su manera. Si se sentaba en su silla alta no comía hasta que las puertas de los armarios de la cocina estuvieran cerradas. A la madre le llevó un tiempo comprender que los gritos de Susy y su dedo apuntando a la pared significaban «no voy a comer hasta que cierres las puertas». Una vez que Susy creció y pudo alcanzar las repisas en su recámara colocó todos los juguetes en orden. Si su madre los movía mientras limpiaba y Susy los hallaba fuera de su lugar, le gritaba señalándolos hasta que la madre venía y los volvía a poner como estaban. ¡Susy tenía algo más que sus juguetes alineados!

¡Si no puedo ganar, no voy a jugar!

Los niños coléricos desean actividad desafiante y emocionante y sobre todo desean lo que pueden ganar. Su consigna es «¡si no puedo ganar, no voy a jugar!» Les gusta ser el mejor en todo lo que tocan y les encanta establecer récords. Serán los jugadores del equipo si ven que pueden destacarse, pero no les atrae si tienen que unirse al grupo. Les gustan los deportes vigorosos donde puedan mostrar su fuerza. Debido a su deseo innato de control, por lo general llegan rápidamente a la cima de lo que se proponen.

Beth recuerda la primera vez que ella y su esposo llevaron a los niños a jugar a los bolos. Solo estaban en el segundo tiempo del primer juego y Ana ya estaba triste porque no jugaba muy bien. Se acercó a la mesa y exclamó: «¡Voy a perder! ¡Esto es terrible!». Beth trató de alentarla y le dijo: «Acabamos de comenzar, creí que habíamos venido para divertirnos». Pero la niña movió su cabeza y dijo: «¡No estoy aquí para divertirme, estoy aquí para ganar! ¡Pensé que bolear era algo que yo podría ganar!».

Llévelo al límite

A los coléricos les encanta probar a sus padres y ver con qué pueden salirse. Su mente siempre está ocupada y si los ven bajar la guardia por un segundo, aprovecharán la ocasión. Siempre hay una posibilidad de motín.

Cuando Lauren estaba en preescolar, su maestra me dijo: «Si no puedo venir a la escuela, no tendré por qué preocuparme. Lauren se podría hacer cargo de todo el lugar», dijo la maestra. Era obvio que mi hija había hecho muchos intentos de tomar el mando.

Oprimir botones

Los coléricos toman la malévola delicia de controlar situaciones que exasperarán a los padres. Si pueden controlar una actividad o poner a sus padres en una situación embarazosa, los niños coléricos sienten que han logrado su día. Sus pequeñas mentes insubordinadas aprovechan todas las posibilidades como experiencias triunfantes.

Kay condujo el auto hasta la gasolinera con la bebé Carolina, de dieciocho meses. La mujer salió y dejó las llaves del motor, llenó el tanque y al subirse al auto, encontró que Carolina había oprimido el botón cerrando las puertas con seguro. Kay comenzó a hablar suavemente a la niña: «Oprime el botón, mi vida, anda, para que mami pueda entrar al auto». Carolina sonreía pero no se movía. El hablar dulce de Kay fue subiendo de volumen a medida que Carolina se negaba a *dejarla* entrar al carro. Pronto Kay estaba gritando promesas como estas: «Te voy a comprar un helado». Cuando Carolina le contestó con una sonrisa, Kay comenzó a golpear las ventanillas demandando: «Déjame entrar, déjame entrar». Pronto llegaron más personas a ver por qué Kay estaba tan histérica.

Un hombre le dijo a Kay: «Cálmese, yo le voy a decir qué hacer». El hombre comenzó a hablarle suavemente a Carolina: «Corazón, oprime el botón pequeño, solo oprime el botón». Carolina alcanzaba el botón, pero no lo oprimía. Pronto este hombre también se frustó. Todas las personas alrededor del auto le gritaban a Carolina, pero esta rehusaba moverse. Nunca antes la niña se había divertido tanto. Por fin, un hombre tomó un gancho de colgar ropa, logró bajar un poco la ventana y oprimió el botón. Carolina sonrió y le dijo «¡Hola!» a su nuevo amigo mientras Kay, humillada, se dejó caer en su asiento y se fue del lugar. Un niño colérico nunca es demasiado joven para deleitarse sometiendo a todo un grupo de adultos bajo su control. ¡Solo es otro día maravilloso en el paraíso!

¡No hay consecuencias para mí!

Los niños coléricos con frecuencia tratan de sobremanipular y persuadir a sus padres, siempre tratando de evitar consecuencias a toda costa. El año pasado, el Día de las Madres, Sara, la hija de nueve años de Diana, estaba desobediente como siempre, haciendo lo que le venía en gana en la iglesia. Después de salir de la iglesia, cuando la familia fue a almorzar en un restaurante, enseguida Sara preguntó repetidamente si podía ir a jugar con unas maquinitas que tenían al frente. Diana y su marido le dijeron que no podía ir. Estaban conversando cuando Sara desapareció del salón y los padres pensaron que había ido al baño hasta que regresó con una pequeña bola de colores brillantes. La pelota fue confiscada rápidamente y se dio a conocer un edicto, que Sara debería pasar una hora en su habitación cuando la familia llegara a casa. Sara respondió que a ella no le importaba porque tenía sueño y quería tomar una siesta. Los niños coléricos nunca permiten que la amenaza de un castigo parezca molestarles porque ellos ya están planeando la venganza.

Más tarde, en casa, Diana gozó de una tarde placentera sin que ninguno de los niños la molestaran. Solo cuando escuchó el llanto de Sara se dio cuenta que las cosas no iban a ser tan placenteras como parecían. En lugar de pasar una tarde en su dormitorio, como se le había ordenado, Sara se fue afuera y se encerró en el maletero del coche confiando en que su madre vendría a buscarla. Por desgracia para Sara, su plan la traicionó y en lugar de asustar a su madre, fue ella quien se aterró cuando nadie la vino a buscar. Los coléricos se van a los extremos al hacer cosas en sus términos.

Actúa ahora, piensa después

Los niños coléricos no necesitan pensar las cosas dos veces. Se mueven rápidamente y toman acción. Por lo general, mi madre no me daba consejos sobre la crianza de mis hijos, pero les dijo lo que pensaba que yo debería de estar haciendo. Marita tenía pelo largo y fino y yo se lo mantenía con una cola de caballo y una liga para mantenerla en la coronilla de la cabeza. Mientras mi madre peinaba el pelo de Marita, con frecuencia sugería: «¿Por qué tu mamá no te corta el pelo?». Marita, de cuatro años de edad, pronto se cansó de las sugerencias de la abuelita. Un día llegó caminando a la cocina con las tijeras en una mano y su cola de caballo en la otra. Grité al ver que me entregaba el manojo de pelo con la liga puesta todavía mientras me decía: «Toma, abuelita dijo que mi pelo estaba demasiado largo, ¡así que me lo corté!».

Cuando Kay tenía tres años se cortó una cola de pelo y se acercó a su madre con la cola en una mano y una botella de pegamento en la otra. Al ver que su madre casi se desmaya le dijo: «No te preocupes, ¡me la voy a pegar con pegamento!».

Los niños coléricos no se preocupan de nada, creen que ¡siempre hay una solución!

¿Dónde están tus modales?

Enseñar modales a los niños siempre ha sido un asunto importante para los padres. Es posible que con los niños coléricos se requiera un esfuerzo adicional para ver el éxito. Una noche, en la mesa de comer, Hilda, de dos años de edad, gritó: «¡Más leche, más leche!», con una voz demandante. El padre dirigió una mirada a su hija, llenó la taza de leche y sosteniéndola con firmeza la dirigió hacia ella preguntándole: «¿Qué se dice cuando pides algo?», esperando escuchar las palabras «por favor». La niña puso sus manos en el vaso, lo miró directamente a los ojos y le dijo: «*¡Suéltala!*».

Marcos le dio a su abuela dificultades similares. Un día entró corriendo a la cocina ordenando a gritos: «¡Coca-Cola, Coca-Cola, Coca-Cola!» Ella le respondió: «Te daré una Coca-Cola, pero ¿qué se dice primero?» Enseguida Marcos respondió: «Pol favol» (tenía problemas con la «r»). La abuela le sirvió la bebida, le dio el vaso y le preguntó: «¿Y ahora qué se dice?» El niño sonrió, era obvio que sabía la respuesta correcta, pero tomó el vaso y exclamó: «¡Salud!».

Incluso cuando los niños coléricos saben qué deben hacer, con frecuencia no le darán la satisfacción de responder de manera correcta. Es demasiado divertido sorprender a alguien desprevenido.

Practique lo que predica

Los niños coléricos no siempre siguen su propio consejo. Mi nieto Bryan, un niño colérico, a la edad de trece años a menudo se enojaba si las cosas no salían a su gusto, se iba a su habitación y tiraba la puerta. Se ocultaba y no le hablaba a nadie. Imagine la sorpresa de mi hija cuando lo escuchó tratando de aconsejar a un amigo por teléfono. «¿Sabes cuál es tu problema? No pasas tiempo de calidad con tu familia». Ayude a su hijo a ver las inconstancias de su conducta y palabras teniendo la seguridad de que usted practica lo que predica.

¿Confiado o arrogante?

Los coléricos tienen grandes sueños y confían que van a lograrlos. La estrella del tenis, Martina Hingis, era una colérica típica. Era tan confiada que a veces era arrogante y hablaba con orgullo de sí misma y muchos creían que era arrogante. Chris Evert ha dicho que nunca ha visto pánico o temor en los ojos de esta mujer más joven. La madre de Martina, Melanie Molitor, le puso ese nombre por causa de Martina Navratilova y «la dirigió por el camino de la prosperidad y el estrellato. Como ella dice, el sueño de todos los padres es lograr que su hijo sea el mejor en cualquier cosa que haga»[4]. ¿Pero la madre de Martina habría tenido éxito en criar una hija superestrella si Martina no hubiera nacido con la motivación de ganar que tiene el colérico?

Cuando no se les inhibe de alguna manera, los coléricos pueden convertirse en niños tan confiados que agobian a los amigos e incluso a los adultos. Cuando son bebés que comienzan a caminar, su confianza se considera precoz; pero, a medida que crecen, se puede convertir en arrogancia. Como padres, necesitamos enseñarles las diferencias entre tener confianza y ser arrogantes.

seis

CRIANZA DE UN NIÑO COLÉRICO

Los padres de un niño colérico deben prepararse desde el primer día para una lucha de poderes. Estos niños nacieron listos para tomar el control. Esta habilidad natural para el liderazgo, bien orientada, los ayudará a alcanzar el éxito en la vida. Desde que estos líderes natos saben que están en control de todo, van a buscar cosas que controlar. Si a este niño no se le da el control de algo apropiado para su edad, él lo tomará de cualquier cosa que esté en su camino, incluso los padres.

Desde una edad temprana, los coléricos consideran que tienen razón. Mi nieto Bryan, a la edad de tres años, estaba jugando con Fred pero no seguía las reglas del juego. Cuando Fred le señaló su error a Bryan, este de inmediato le contestó: «¡No estoy equivocado, tengo la razón!». Si bien es cierto que los coléricos son los individuos más aptos para emitir juicios correctos, se les tendrá que enseñar y asegurarse de que no «jueguen según sus propias reglas».

Igual que el sanguíneo, el colérico autoritario tiende a decir cosas sin pensarlas ni preocuparse por los sentimientos de los demás. Los coléricos no lastiman a otros deliberadamente, pero no son muy sensibles a los sentimientos de quienes los rodean. De hecho, su naturaleza práctica tiende a hacerlos mirar al otro lado en lugar de mostrar compasión o dedicarle un tiempo a las personas que puedan estar lastimadas. Ayude a su hijo a mejorar su sensibilidad hacia otros y a experimentar compasión por los que están heridos.

El padre de un niño colérico va a descubrir que un fuerte liderazgo paterno es crucial para la salud familiar. Usted querrá desarrollar las habilidades de liderazgo de sus hijos y permitirles cierto grado de control, pero asegúrese de que ellos sepan que los padres son los encargados de la familia. La realización de esta tarea depende de la personalidad del padre.

Padres populares con un niño autoritario

Los padres populares disfrutarán de la energía y la perfección de sus hijos autoritarios. Se jactarán de las hazañas de sus hijos y con gusto compartirán los honores y disfrutarán la fama. La perspectiva positiva de esta combinación y el elogio que el hijo desea de los padres dará por consecuencia un fuerte equipo. El problema viene cuando este niño percibe la falta de determinación en los padres y toma control de la vida de los adultos.

¿Quién está a cargo aquí?

Los padres populares tal vez permitan que los hijos tomen el control, porque no les gusta batallar y porque necesitan con tanta desesperación sentirse amados por sus hijos, que harán cualquier cosa para evitar situaciones problemáticas que les haga perder su popularidad. Ser padre significa que los testarudos hijos coléricos no siempre los van a apreciar, pero si no establece límites firmes encontrará que los papeles se invierten.

Algunas veces los padres sanguíneos realmente permiten que los hijos coléricos determinen la hora en que desean que los vayan a buscar y aceptan la reprimenda por llegar tarde. Cuando mi colérica hija Lauren tenía seis años se cansó de que me olvidara del tiempo que debía estar con ella en su kindergarten. Ella decidió tomar tres objetos correspondientes a las tres semanas que yo debía ir a su escuela y los puso en el automóvil. Lauren decidió que si yo no era capaz de asegurar que se hicieran las cosas, ella las haría por mí.

Les dan la mano y se toman el pie

Cuando una madre sanguínea tiene un hijo adolescente colérico, a menudo este se vuelve protector de la pobre y confundida madre. Pero la hija colérica tal vez mire a su madre sanguínea con desesperación, tome el control de la casa y se convierta en la mejor amiga de su padre.

Cuando los niños coléricos observan al vulnerable padre sanguíneo, pronto aprenden a halagarlo para salirse con la suya, conseguir su propio automóvil y dinero adicional. El padre popular siempre debe estar alerta de que su niño autoritario vaya a tomar nuevos territorios, matar a varios dragones y apoderarse del trono.

Déjame «ayudarte»

Para los niños coléricos es natural llegar a la conclusión de que son más inteligentes que sus padres sanguíneos. Este es el lema de la sanguínea Catalina: Tener buena apariencia y fingir inteligencia. Su hijo Graham fácilmente percibe la parte de fingir inteligencia y constantemente ayuda a la madre a organizarse. Un día Catalina se llenó de pánico mientras andaba por todas partes buscando sus anteojos para el sol. «¿Qué estás buscando esta vez?», preguntó Graham en un tono condescendiente.

Cuando supo que lo que estaba creando tanta conmoción eran los anteojos para el sol, Graham tomó a Catalina de la mano y la llevó a la cocina. Le señaló los anteojos sobre la tapa del frasco de harina.

Graham declaró llanamente: «Tú siempre los pones allí. Entras con ellos puestos, vas directo a la cocina para desempaquetar los comestibles, te das cuenta que está oscuro, te quitas los anteojos y los pones sobre el frasco de harina. Cualquiera sabe que ese no es el lugar apropiado y que no tiene ningún sentido, pero eso es lo que tú haces. ¿Se te ha perdido alguna otra cosa?».

Si no son cuidadosos, los padres sanguíneos van a descubrir que sus hijos coléricos les faltan al respeto. Que su dependencia en los hijos capaces los va a llevar a un cambio de papeles que conduce al deterioro de la confianza que los hijos tienen en los padres.

Padre autoritario con un hijo autoritario

La fuerza de esta poderosa combinación radica en el estímulo mutuo para obtener el éxito, la habilidad para alcanzar logros y el interés de ser responsable del resto de la familia. Juntas, estas personas automotivadas y extrovertidas, pueden realizar todo lo que se propongan. Tal vez sea un camino lleno de baches, debido a su naturaleza fuerte y volátil, y a su absoluta necesidad de ganar todas las batallas. Si estos dos autoritarios no se ponen de acuerdo o no hacen concesiones a sus demandas, la vida se convierte en un campo de batalla y otros miembros de la familia resultan heridos.

¿Cercanía o exclusividad?

Lo ideal es que el padre y el hijo colérico se pongan de acuerdo en un objetivo y marchen juntos hacia él. Por ejemplo, un padre fuerte y atlético tal vez críe a un hijo con deseos similares y ambos podrán dedicar sus vidas al deporte. El padre y el niño desean esta cercanía, pero deben tener cuidado de que el objetivo y la admiración mutua no los lleven a excluir a otros miembros de la familia.

Juan, el padre, tenía una personalidad autoritaria. Estableció sus normas de lo que hacía un verdadero hombre y no toleraba algo menos. Había que estar de acuerdo con su molde o de lo contrario estaba uno equivocado. Como tenía su propio negocio, nadie lo controlaba. Por generaciones su familia fue la fuerza dominante en la iglesia y eran los que más ayudaban con las finanzas, así que Juan hablaba con una voz de indiscutible autoridad en la iglesia.

Como su hijo mayor, del mismo nombre, no compartía sus intereses «masculinos», Juan, el padre, sacó de su lado a su hijo mayor y se concentró en Ricardo, su segundo hijo. A Juan, el joven, le desagradaba todo lo relacionado con disparar armas de fuego y era alérgico a casi todo lo que crecía en el bosque. En cambio, a Ricardo le gustaba salir al bosque con su padre y le fascinaban las armas. Este deporte ayudó a unir a estos dos, pero eliminó la relación con su primogénito Juan.

El joven Juan me contó que desde un principio su padre le dijo que nunca sería un verdadero hombre si no amaba la vida al aire libre. Cada vez que los dos cazadores salían al bosque, el padre le decía: «Es una lástima que no vengas con nosotros». El tono humillante de la voz del padre hizo que Juan se sintiera como un individuo débil. La madre lo mimaba y lo consolaba manteniéndolo en la casa con ella.

El talento musical de Juan le permitió conseguir papeles de cantante en las producciones de la escuela, el padre lo ridiculizaba y creía que participar en una obra de teatro no podía tener un impacto positivo para el varón. «Eso es cosa de afeminados», comentaba el padre. «Una vez que lo vi con pantalones ajustados bailando como un duende, me negué a volver. No tengo estómago para ver a mi hijo en esas cosas. ¡Su madre lo ha convertido en un tonto!»

Este es un ejemplo de un hombre de negocios fuerte, intelectual, con éxito, un anciano de la iglesia, uno capaz de controlar todo lo que tocaba en la vida, menos a este hijo. Este es un típico colérico, sin el más mínimo indicio de cómo contribuyó a que su hijo «fracasara» en el proceso para convertirse en un hombre.

Los padres autoritarios deben aprender a quitarse la venda de los ojos y reconocer que si alguien es diferente, no quiere decir que la persona esté equivocada. Para esta personalidad fuerte es muy natural mirar su éxito personal y juzgar cruelmente a aquellas clavijas cuadradas que no entran en el agujero redondo del colérico. Cuando el desacuerdo es con el propio hijo, esta actitud puede tener resultados desastrosos.

Choque constante

Mientras que algunos padres e hijos coléricos trabajan perfectamente uno al lado del otro, algunas veces sucede lo opuesto. Ambos están determinados a ganar y uno al otro se piden la cabeza. Ninguno de los dos quiere aflojar porque están seguros de tener la razón. Son dos poderosas personalidades que están batallando pero deben traerse a la mesa de la deliberación. Estas reuniones a menudo parecerán como conversaciones de paz entre naciones en guerra, así que será necesario establecer algunas reglas de reconciliación. Usted a lo mejor necesite una autoridad exterior, quizás un terapeuta especialista en la intervención o confrontación, para señalar el daño que esos choques causan a los individuos y a la unidad de la familia. Pocas veces, por iniciativa propia, estos dos individuos coinciden en sus ideas.

A pesar de la tendencia personal de defenderse, como padre, usted no puede permitir que la constante lucha por el poder se convierta en una norma. En cambio discuta las esferas de oposición, establezca las reglas y cúmplalas. Por el contrario, comente las áreas de disensión, establezca las reglas del trabajo y agárrese a ellas. Recuerde que cuando discute, por ser el padre, los niños ya vencieron porque consiguieron que usted entrara en el combate. Debe enseñar a sus hijos el arte de llegar a tener acuerdos mutuos dando el ejemplo.

¡Me rindo!

Si el padre e hijo coléricos no avanzan juntos en armonía ni tampoco están agrediéndose constantemente, es probable que uno de ellos se haya dado por vencido, puesto una máscara y fingido que no le importa. Esto puede parecer una solución pacífica para el que gana el control, pero esa paz no es duradera. Algún día inesperado explotará la situación y todos los que estén cerca saldrán lastimados. Conozco a un padre autoritario que tenía el control de todo menos el de su joven hija. La niña era autoritariamente precoz y se las ingeniaba para abrumar incluso a su madre fuerte. La pequeña tomaba sus propias decisiones, a diario indicaba a sus hermanos cómo vestirse y elegía el restaurante donde comería la familia.

Un día, cuando la niña reprendió a su madre por no haber alimentado al perro a tiempo, algo estalló. De pronto la madre se dio cuenta que le había permitido a la hija un cambio de posiciones. Se puso tan furiosa que le dio un bofetón tan fuerte a la niña que en el proceso esta se golpeó la cabeza contra la pared. La hija no podía comprender por qué la madre se violentó tanto cuando ella solo le mencionó que el perro tenía hambre.

Siempre que sublimemos por completo nuestra personalidad natural durante un tiempo determinado, explotará cuando menos lo esperamos. Para evitar estas explosiones, deben comprenderse mutuamente a fin de entender por qué ambos miembros coléricos de la familia desean el control y deben aclarar la división de la autoridad familiar. De esta manera se evitará mucho dolor para toda la familia.

Padre perfeccionista con un hijo **autoritario**

El padre melancólico y el hijo colérico comparten una habilidad natural para organizarse y mantener un programa. El niño desea hacer lo correcto desde su punto de vista, y si esto coincide con la naturaleza perfeccionista del padre, la relación irá bien. A diferencia del niño sanguíneo, el colérico sabe qué día de la semana es y generalmente piensa más rápido que sus padres. La meta del padre no debe ser interceptar las habilidades de liderazgo del niño, sino mantener a ambos en el mismo bando. Recuerde esto al hacer énfasis en los puntos de coincidencia y constantemente recordarle al niño cuánto se aprecia su ayuda en la familia. Con la constante ratificación del buen desempeño, el colérico se mantendrá dedicado y ejecutará la mitad del trabajo del padre. Este niño hasta recordará marcar su calendario y hará trabajos particulares que no se le han asignado. Recuerde, sin embargo, que esta clase de niño necesita que se le reconozca su esfuerzo.

Dar crédito cuando se amerita

Si los padres no entienden la necesidad de reconocimiento que tiene el niño, tendrán problemas. Si padre e hijo se encuentran en bandos opuestos, entrarán en una batalla que tal vez nunca ganen. El niño colérico puede repentinamente volverse manipulador y engañoso y conseguir la lealtad de los que él elige para que se opongan a usted.

A pesar de este peligro, no se desespere ni se rinda. En este caso, «guerra avisada no mata soldado». Su hijo perfeccionista necesita desafíos diarios y constante reafirmación. Este trato no es fácil para un melancólico que solo elogia los trabajos bien terminados y que generalmente van acompañados de una crítica («está bien, *pero*...»). Si el padre reconoce esta diferencia con su hijo, puede aprender a separar el elogio de la enseñanza y preguntarse *si vale la pena insistir en la perfección*.

Tal vez tenga temor, como mi madre lo tuvo, que al elogiar demasiado al niño se le pueda subir a la cabeza. En vista de que el joven colérico solo va a seguir de su lado si sabe que lo aprecian, la ausencia de elogios puede causar un motín. ¡Ver a su hijo desde esa perspectiva lo ayudará a satisfacer las necesidades emocionales y mantenerlo en su bando!

¡Dios no lo hace tan rápido!

Los niños coléricos son terriblemente tercos cuando se trata de disciplinarlos. No crea que por haber desarrollado una respuesta melancólica razonable al mal comportamiento de su hijo, el resultado será siempre lo que se espera —o que ellos vendrán *cuando* usted los espera.

La madre melancólica de Débora era un ama de casa meticulosa. Cuando Débora era pequeña, vivían en un departamento en el segundo piso de una casa muy vieja. El piso no era alfombrado, pero la madre tenía alfombras por toda la casa. Débora era una colérica típica siempre activa, metida en sus cosas, y siempre arruinándolo todo.

Un día, la madre de Débora se cansó. Después de amonestar varias veces a su hija para que se callara y fuera una «niña buena», la mujer se rindió finalmente. La gota que colmó el vaso fue cuando se detuvo a admirar el piso perfectamente limpio y a su espalda vio a su adorada monstruo sonriendo con una mueca, arrodillada, tirando migas de galletitas y desordenando las alfombras.

«Débora ¡ahora mismo vas a tomar una siesta!», dijo la madre al tiempo que levantaba a su hija y la ponía en la cama. «¡Ahora te vas a arrodillar para pedirle a Dios que te haga una niña buena!»

Débora se arrodilló tímidamente y le pidió a Dios que la hiciera una niñita buena, pero en el momento que la madre cerró la puerta de su cuarto, Débora comenzó a gritar fuerte. La madre abrió violentamente la puerta y encontró todos los juguetes de Débora arrojados por todo el cuarto junto con la frazada y la almohada. Esta «niñita buena» estaba saltando en la cama y gritando con alegría.

«Débora ¿qué estas haciendo? ¡Acabas de pedirle a Dios que te haga una niñita buena!», reclamó la madre. «¡Él no puede hacerlo tan rápido!», gritó Débora saltando de alegría.

El niño colérico, terco y controlador querrá establecer su propio horario para obedecer.

Padre apacible con un hijo autoritario

La combinación más agotadora tal vez sea el padre apacible que desea estar en calma, tranquilo y reposar, que tenga uno o más niños autoritarios que quieren controlar constantemente y lograr acción instantánea.

Esta combinación de padre/hijo se puede complementar entre uno y otro si el padre, naturalmente reticente, establece el control desde un principio y renuncia a las áreas de control solamente si el niño madura lo suficiente como para manejarlas correctamente. El riesgo en esta combinación surge cuando el padre, débil en el área de la disciplina, permite que el niño tenga el control total ¡antes de entender el significado de la palabra poder!

El primer hijo de Sharon ha sido apacible desde el principio, sin demandas y le encanta dormir. Su segundo bebé fue todo lo contrario: controlaba desde sus comienzos. Este bebé se alimentaba solo de un pecho, en el momento que Sharon lo cambiaba al otro comenzaba a alejarse y a gritar. Cada vez que la madre comenzaba a alimentarlo del «lado malo», el niño gritaba y se alejaba. Entonces tenía que cambiarlo al otro lado. Sharon recuerda cómo esperaba una hora más hasta que el bebé estaba tan hambriento que se chupaba el puño pero todavía rechazaba alimentarse del «lado malo». Desde su nacimiento este bebé autoritario determinó controlar a su madre y lo consiguió. ¡Durante todo un año la madre se vio como un camello más caído de un lado que del otro!

Fuera de equilibrio

La combinación flemático/colérico a menudo carece de equilibrio. El niño tiene un mecanismo interno que le indica que puede obtener cierto control si persiste en la determinación.

Cuando la apacible Brenda tuvo a su hijo Miguel, todos dieron por sentado que sería calmado y flemático como sus padres. Sin embargo, desde un principio el bebé los sorprendió, gruñía y señalaba con el dedo antes de poder hablar. Su primera frase fue «puedo hacerlo solo». A la edad de dos años, Miguel ya tenía el control y sus padres le consultaban antes de decidir. Un día, Brenda estaba jugando en el piso con el bebé y le preguntó: «¿Miguel, me puedo levantar?». Al instante él le contestó: «Quédate sentada y sé una señora linda». Brenda se quedó sentada. La hermana menor de Miguel siguió sus pasos. Todavía Heidi no tenía dos años cuando ya le señalaba un lugar a su madre y la empujaba para que se sentara. Si Brenda se sentaba en otro lugar Heidi la halaba con fuerza hasta salirse con la suya.

Brenda dice que cada mañana tiene que esforzarse para hablar con firmeza y establecer su autoridad para así fijar el tono para el día. Si es débil en algún momento, Miguel y Heidi estarán listos para clavar el diente. Los niños tomarían el control de manera instantánea sin pensarlo siquiera.

Bueno, no lo va a matar

Los niños coléricos aman a los padres flemáticos porque son dóciles, agradables y realmente no se preocupan por lo que hace el hijo. Recuerdo que mi madre me decía: «No me importa lo que hagas, siempre que no te vea ni te escuche».

Un domingo de Pascua florida durante una reunión familiar noté que mi nieto Bryan de dos años estaba sentado en el césped junto a los dos cachorros Schnauzer de Marita y sus platos de comida. Bryan comenzó a darles de comer, y vi que ponía un pedazo de comida en el hocico de cada cachorro y luego otro en su boquita. De inmediato le avisé a mi yerno Randy.

«No hagas eso, Bryan. No te comas la comida de los perros, Bryancito», dijo Randy suavemente.

Bryan lo miró directo a los ojos, tomó otro pedazo de comida, se lo puso en la boca y sonrió a su padre. Randy apenas se encogió de hombros y me dijo: «Bueno, un poco de comida de perro no lo va a matar».

Para el padre apacible siempre es más fácil no resistir al niño autoritario, pero si se lo permiten, un niño inteligente y agresivo va a controlar más de lo que se desea.

Ebullición lenta, explosión intensa

Los padres flemáticos tienen que ser cuidadosos de que al evitar el esfuerzo o el conflicto, no supriman lo que verdaderamente les molesta y exploten. Serena se sentó frente a su computadora mientras sus tres hijos corrían por la cocina. Por el rabillo del ojo podía observar a Kristin su hija colérica subiendo al mueble de la cocina para alcanzar una vasija de cerámica con galletitas. Serena quería que su hija se bajara, primero trató de obviar su comportamiento porque no quería levantarse y dejar lo que estaba haciendo para lo que sabía que sería una batalla. Con calma Serena dijo: «¡Kristin bájate!». Kristin no hizo caso y siguió trepando. Serena repitió su advertencia con un poco más de autoridad en su tono de voz y la amenazó: «¡Kristin, bájate ahora mismo o te daré una nalgada!». Pero la niña tampoco hizo caso. Serena estaba irritada y demasiado cansada para discutir con su hija. Con la esperanza de no tenerse que parar, probó otra advertencia en voz más alta y agregó: «¡Esto lo voy a cumplir!». Como Kristin seguía en su empeño, el corazón de Serena comenzó a latir con más fuerza y sintió que su cara se ruborizaba a medida que el enojo aumentaba dentro de ella. Por fin Kristin alcanzó la vasija de las galletitas, Serena saltó de su silla, casi voltea la computadora del escritorio, agarró a Kristin y le abofeteó la cara mientras le gritaba: «¡Bájate ahora mismo!». Ahora todos los niños comenzaron a llorar. Serena perdió el control y estaba enojada y avergonzada por el comportamiento abusivo que tuvo con su hija.

En un esfuerzo por evitar discusiones y conflictos, los padres flemáticos deben tener cuidado y no permitir que el enojo crezca. Parte de la solución es aprender a controlar la tendencia natural de obviar la situación y evitar cualquier esfuerzo por solucionar el problema. Serena aprendió que ella necesitaba hacer una sola advertencia a sus hijos y entonces hacer el esfuerzo de dejar lo que estaba haciendo, levantarse de la silla y actuar antes de que aumentara su enojo.

Lo más fácil no es lo más saludable

Para un padre flemático es más fácil no imponer límites saludables a sus hijos obstinados, pero a la larga trae daño emocional. La flemática Estefanía vive con su padre, es divorciada y madre de Victoria, colérica, de tres años. Desde que gateaba, Victoria controló la casa porque ni a su madre ni a su abuelo les gustaba establecer o imponer límites. Era más fácil dejar que Victoria siguiera su camino. Por desgracia, cuando iban a visitar a sus amigos y Victoria comenzaba con su conducta egoísta y demandante, a los demás les disgustaba tenerlos cerca. Aunque Victoria es inteligente, adorable, una belleza con pelo ondulado, a nadie le gusta porque no la están criando bien.

Los padres flemáticos deben tener cuidado de no enfocar su atención solo en la provisión de cosas fáciles como la cena, ropa limpia o transportación de la escuela. Si no se establecen y refuerzan los límites sanos, se priva al niño de alcanzar la madurez emocional y este corre el riesgo de que lo rechacen por el resto de su vida.

¡Sabía que te puedo irritar!

Los chicos coléricos son famosos por saber cómo sacarlo a uno de sus casillas, pero son especialmente versados con los flemáticos dóciles. Ashley se estaba preparando para salir y le dijo a su hija Laura que quitara el vagón que estaba detrás del automóvil para poderse ir. La madre estaba apurada y quería que Laura lo hiciera enseguida. Cuando Ashley salió de la casa Laura estaba sentada, con anteojos para el sol, en un sillón detrás del automóvil con los brazos cruzados sobre su pecho y sus largas piernas también cruzadas. Y allí permanecía sentada. Ashley levantó la voz unos decibeles y preguntó: «Laura, ¿no te dije que quería que estuvieras lista para salir en el auto cuando yo saliera de la casa?». Lentamente Laura se quitó los anteojos y le dijo a su madre: «Yo sabía que esto te molestaría y lo logré».

Niños que se crían solos

Los niños coléricos a menudo asumen el papel de la madre o el padre, por consiguiente, se crían solos a lo largo de la vida. Esta forma de rechazo puede dejar un sentimiento de abandono emocional en el niño.

La madre flemática de Golden asumió el papel de hija de su propia hija colérica. Mientras que Golden, en ausencia de su padre alcohólico, asumió con naturalidad el papel paterno. Desde muy joven, Golden tomó sus propias decisiones. La familia no tenía automóvil, si ella quería salir tenía que buscar a alguien que la llevara. Golden estableció su propio toque de queda, la hora para practicar el piano, el horario para hacer sus tareas, buscó y consiguió una beca para asistir a la universidad. Más tarde planeó su boda y pagó los gastos de su casamiento. Esperaba con ansiedad que su esposo cuidara de ella por primera vez en la vida.

La madre de Golden ahora es una persona mayor, pero nada ha cambiado, sigue dependiendo de su hija para tomar todas las decisiones. Golden sabe que su madre hizo lo que pudo, dado su temperamento flemático, pero eso no borra el dolor emocional de la falta de apoyo que tanto deseaba de niña.

Cuidarse uno mismo

Los padres flemáticos quedan exhaustos tratando de gobernar a sus hijos coléricos. Una mujer, con su hija de tres años, pasó por la sección de galletas en el supermercado. La niña quería galletas, pero la madre le dijo que «no». De inmediato la niña comenzó a quejarse en voz aún más alta, pero la madre explicó en voz baja: «Mira, Elena, ya solo nos quedan la mitad de los pasillos para terminar. No te enojes, no falta mucho».

Más tarde, en la sección de los caramelos, la niña comenzó a gritar porque quería caramelos. Cuando se le dijo que «no», comenzó a gritar más fuerte. Esta vez la madre respondió: «Vamos, vamos, Elena, no llores. Solo faltan dos pasillos más que recorrer y estaremos pagando para salir».

Al llegar a la caja, la niña comenzó a pedir chicle e irrumpió en una terrible reacción cuando de nuevo la madre le dijo «no». Con toda paciencia la madre le dijo: «Elena, en pocos minutos saldremos de aquí y entonces podemos ir a casa y tomar una linda siesta».

Un hombre que había observado cada paso del drama las siguió hasta el estacionamiento y detuvo a la mujer para felicitarla por su paciencia con la pequeña Elena. La madre se presentó: «El nombre de mi niña es Tammy. Yo soy Elena».

Si el gran esfuerzo de controlar a sus hijos lo deja exhausto, asegúrese de descansar y reservar suficiente tiempo para usted mismo. Algunas veces las necesidades de los padres tienen prioridad.

Los niños coléricos mantendrán a los padres siempre alerta. Su empuje y pasión por el liderazgo desafiarán incluso a los padres más fuertes. Para mantener un balance apropiado entre la relación de padre/hijo, otorgue el control al niño colérico en ciertas áreas de su vida, pero asegúrese de decirle quién tiene la última palabra.

siete

CARACTERÍSTICAS DE UN MELANCÓLICO METICULOSO

MELANCOLÍA

> Personalidad perfecta
> El introvertido · El pensador · El pesimista

Necesidades emocionales: Sensible a los deseos profundos, satisfacción de los logros de calidad, tener un lugar propio, seguridad y estabilidad, alejarse de hermanos ruidosos y desordenados, apoyo de los padres.

Evita: Ruido, confusión, trivialidades, ser mimado.

Virtudes	Debilidades
Bebé	
· serio	· suspicaz/precavido
· callado	· tímido/encerrado
· gusta de un horario	· apariencia triste
· analiza a los demás	· llora fácilmente
· le gusta estar solo	· dependiente

Virtudes	Debilidades

Niño

Virtudes	Debilidades
• piensa profundo	• taciturno
• talentoso	• quejoso
• musical	• tímido
• fantasioso	• demasiado sensible
• amigo verdadero	• escucha lo negativo
• perfeccionista	• evita la crítica
• intenso	• ve los problemas
• cumplidor y responsable	• no se comunica

ADOLESCENTE

Virtudes	Debilidades
• piensa profundo	• deprimido y retraído
• buen estudiante	• complejo de inferioridad
• creativo, le gusta investigar	• inflexible
• organizado y con propósito	• suspicaz
• altos valores	• criticón
• escrupuloso y puntual	• actitud negativa
• limpio y ordenado	• pobre imagen de sí mismo
• sensible con otros	• vengativo
• espíritu agradable	• vive a través de sus amigos
• ahorrativo	• necesita aprobación

Desde que David supo sentarse en su silla alta, fue exigente para comer. Con frecuencia gritaba al ver la comida que la madre le ponía delante. En un principio ella no sabía qué trataba él de comunicarle, pero una de sus primeras palabras fue «no» y la segunda «tocar», así que la madre comenzó a entender lo que señalaba. ¡El niño no podía tolerar que las papas tocaran sus guisantes!

El individuo melancólico es precisamente el opuesto de la personalidad sanguínea. Todavía es un bebé y ya el melancólico perfeccionista parece estar pensando profundamente. Los melancólicos son quietos, sin demandas y les gusta estar a solas. Desde un comienzo siguen los horarios y responden bien a un ambiente organizado. Mi hijo Fred es un melancólico extraordinario desde que nació, siempre analizando, constantemente serio, indiscutiblemente confiable y siempre introvertido. A medida que el joven Fred crecía, la diferencia entre su personalidad y la mía era cada vez más evidente.

Necesidades emocionales

Mientras que los sanguíneos buscan atención por fuera, los melancólicos desean sensibilidad por dentro. Los individuos melancólicos no hablan de sus necesidades, por el contrario, tienen la firme determinación de que usted se las descubra, si es que los ama. Mientras más se les obliga a hablar, más se cierran hasta que el interlocutor está a punto de gritar. Los melancólicos interpretan esa actitud como falta de sensibilidad y solidaridad. Cuando están deprimidos, necesitan *sensibilidad* y *apoyo*, pero el impulso de los padres tal vez sea simplemente decirle que se animen y sigan adelante con su vida.

Los melancólicos también necesitan un *espacio* para guardar sus cosas en orden. Les afecta que sus hermanos toquen sus cosas. No se proponen ser difíciles, es que necesitan tener un espacio que les pertenezca. Mi hija Lauren satisfizo las necesidades de Randy, su hijo melancólico, dándole un cuarto solo para él y permitiéndole poner un cerrojo en la puerta para mantener alejados a los hermanos curiosos. Haga todo lo posible para que sus hijos melancólicos tengan sus cuartos propios, sea sensible a sus necesidades emocionales y no se burle de ellos. Si estos niños perciben que usted piensa que ellos son un poco extraños lo ignorarán y eliminarán toda comunicación.

Al igual que el *espacio*, un melancólico necesita un ambiente de *silencio*, donde pueda recuperarse del impacto de la gente ruidosa que encontró durante el día. Mientras que el niño sanguíneo llega a casa y entretiene a sus padres con las historias de lo que le sucedió durante el día, el melancólico ni siquiera quiere pensar en relatos. «Déjame solo. Quiero estar en mi habitación y pensar», diría un niño melancólico.

Conclusión, para vivir los melancólicos necesitan: *sensibilidad, apoyo, espacio* y *silencio.*

¿Dónde está la carne?

A los melancólicos les gusta que todo esté en orden pero no siempre están dispuestos a decir qué quieren ver hecho. Dan por sentado que los demás van a notar su dolor y serán lo suficientemente sensibles para solucionar cualquier problema que exista, prefieren sufrir en silencio antes que decir a alguien lo que les molesta.

Después de más de veintiocho años de casados, Bunny descubrió que a su esposo le gustaba que la carne en su plato estuviera directamente frente a él. No a un lado del plato, ni en la parte superior del plato sino al frente. Durante años, fiel pero calladamente, giró su plato antes de comenzar a cenar para que la carne estuviera frente a él. En vez de quejarse, el marido sobrellevó el inconveniente y ¡a la esposa le tomó casi treinta años notarlo!

Diga exactamente lo que piensa

El niño melancólico toma al pie de la letra todo lo que se le dice. Cuando el melancólico Wesley tenía cuatro años estaba mirando la televisión con su padre. Durante un comercial el padre comentó: «¡Tú tienes suerte muchacho de tener un televisor a colores! Cuando yo era niño solo teníamos blanco y negro».

Después de unos pocos minutos considerando el comentario de su padre, Wesley lo miró totalmente confundido y preocupado y entonces le preguntó: «¿Incluso en los lápices?».

No ridiculice a sus niños cuando hagan una pregunta que parezca innecesaria. En cambio, recuerde la necesidad que tienen de entender todo exactamente y van a apreciar más lo que usted tenga que decir.

¿Qué está preguntando?

Los melancólicos contestarán a su pregunta con precisión, aunque no siempre le dirán lo que usted quiere saber. Cuando el melancólico Alan tenía ocho años, lo invitaron a pasar la noche en casa de un amigo. A la mañana siguiente, la madre de su amigo le dijo a Alan: «Voy a la tienda, ¿qué clase de pan dulce te da tu mamá para el desayuno?». Enseguida él respondió: «Ah, mi mamá compra los que tienen pasas arriba». Satisfecha con la respuesta, la madre compró los panes dulces con merengues y pasas y de regreso a la casa se los sirvió a los niños. Cuando la mujer giró para sacar la leche del refrigerador vio a Alan quitando metódicamente las pasas de su pan y poniéndolas en el borde del plato. Confundida, le preguntó: «Alan, ¿no me dijiste que esos eran los panes que tu mamá compra siempre?». Él simplemente le contestó: «Ah, sí, pero a mí no me gustan las pasas».

Cuando desee obtener información del niño melancólico haga preguntas específicas. No suponga que este le dirá lo que quiere saber a no ser que sepa cómo elaborar una pregunta específica.

Superlimpios

Los melancólicos son limpios y creativos. De hecho, siempre están creando nuevas formas de ser limpios. Lane recuerda cómo su tía Jackie mantenía la casa más ordenada de la familia. Cada cosa tenía un lugar en particular y asombraba el cuidado meticuloso que tenía de todo y para todos. La tía siempre estaba considerando cómo ahorrar tiempo y energía para solucionar cosas que el resto de la familia ni siquiera consideraba un problema.

Sin embargo, el orden de la tía Jackie causaba tensión en las vacaciones familiares, no toleraba las maletas porque eran un desorden, siempre estaban en el camino estorbando, eran abultadas y ocupaban mucho lugar en la casa de los otros familiares. ¡No quería que fueran un problema, pero no las podía mantener arregladas y ordenadas! Sus tres hijos buscaban entre la ropa perfectamente doblada en sus valijas y todo el trabajo quedaba arruinado, arrugado y tirado en el suelo.

Tía Jackie no podía tolerar esa falta de consideración por el orden durante mucho tiempo. Para resolver el problema, ingenió una solución. En lugar de poner la maleta desordenada dentro de la casa, la dejaría en el automóvil y con cuidado sacaría lo que fuera necesitando. Los niños no tenían permiso de ir solos al automóvil y tendrían una buena excusa para que ella sacara sus ropas. Más adelante, la tía Jackie eliminó por completo las valijas y las cambió por unas cajas pequeñas, ordenadas y abiertas por arriba para cada uno de los niños. Midió cada caja para que cupiera con exactitud en el maletero del automóvil. No se movían de un lado para otro ni había espacio donde pudieran perderse las cosas. Cada caja contenía todo lo que el niño necesitaba para el viaje. No más desorden en la casa, ni valijas abiertas o cerradas en el automóvil, ni más niños creando un caos, ni más niños con acceso a sus pertenencias. Estoy segura que esta solución ordenada y creativa haría sonreír hasta al más experto en la organización. ¡Pero casi enloqueció a la familia sanguínea de la tía Jackie!

Orden

El desorden y el caos molesta con facilidad a la mayoría de los niños melancólicos y entonces se sienten forzados a corregir la situación. Algunos están genuinamente angustiados y son incapaces de funcionar a menos que se les permita ordenar las cosas.

El hijo de Susana, Roberto, de ocho años, trajo a la casa 110 de sus lápices de colores que tenía en la escuela. Su madre le preguntó por qué había dejado solo 10 colores en la escuela. «Desordenaban mi pupitre. A mí me gusta tenerlo más organizado para poderlo ver espacioso», contestó.

En otra ocasión Roberto iba caminando por el corredor de la iglesia hacia la clase de la Escuela Bíblica de Verano. Llegó al cuarto de los niños y apagó la luz del baño. La madre le preguntó por qué lo había hecho. «Alguien la dejó encendida mamá», contestó.

Dondequiera que estos niños vayan, encontrarán cosas que necesitan ordenar y tomarán la iniciativa para corregirlo.

¿Cuándo sucederá?

Los niños melancólicos tienen una gran necesidad de saber cuándo se espera que pasen las cosas. Se sienten perdidos sin un horario y desconsolados si no ven cierta clase de organización en los sucesos del día.

Cuando José, de cuatro años, asistió por primera vez a la Escuela Bíblica de Verano, tuvo un ataque de pánico debido al horario rotativo que lo dejó sin saber cuál sería el próximo acontecimiento. Le explicó a su mamá: «¡Mamá, no sé *cuándo* tenemos que hacer las cosas!».

Su mamá obtuvo una copia del horario para el resto de la semana y al explicárselo con cuidado, logró que José comenzara a calmarse. El niño dio un profundo suspiro de alivio y dijo: «Ah sí, este es un horario *estupendo*». Aunque todavía no sabía leer, José apretó el horario fuertemente entre sus manitas durante el resto de la semana. ¡Todo estaba bien en su mundo melancólico, porque tenía un horario!

Percepción física

Los niños melancólicos por lo general con conscientes de cómo se sienten física y emocionalmente. Estos pequeños tienden a enfocar sus preocupaciones y heridas en su estado de salud y dolores corporales. Ellos tienen la necesidad de decirles a otros hasta la más pequeña preocupación y a menudo lo hacen de una manera dramática.

El melancólico Juanito estaba aprendiendo en la Escuela Dominical cómo Dios lo creó todo, incluso el ser humano. Juanito parecía muy atento cuando escuchó que a Eva la crearon de una de las costillas de Adán. Más tarde, durante la semana, la madre notó que el niño estaba acostado como si estuviera enfermo y le preguntó: «Juanito, ¿qué té pasa?». A lo que él respondió: «Me duele aquí, al costado. Creo que voy a tener una esposa».

Aunque a la madre le divirtió el comentario del dolor físico de su hijo, reconoció en él la genuina preocupación por su malestar físico y su inquietud. El niño melancólico tiene la necesidad de saber que no será ridiculizado o rechazado por su constante preocupación, si les cuenta los «problemas» a sus padres. A menudo lo que necesitan es alguien que los escuche y mueva en silencio la cabeza en señal de comprensión mientras dicen su lista de pequeños lamentos.

Nada peculiar

Los niños melancólicos se beneficiarán considerablemente si comprenden su personalidad. En un momento u otro a la mayoría nos han dicho que somos extraños, ruidosos, fuera de este mundo, intratables, estúpidos, vergonzosos, mandones, deprimentes o perezosos. La personalidad melancólica es la más introvertida de todas y se toma estos comentarios muy en serio y tienden a pensar que tienen defectos.

Más que ninguno, el niño melancólico es sensible al hecho de que en muchos aspectos son diferentes de los demás. Será un gran alivio para estos niños saber que no son peculiares. Ayude a su hijo a celebrar las cosas positivas de su personalidad en vez de preocuparse acerca de sus rarezas.

Corazones tiernos

Si escucha atentamente algunas de las historias de los niños melancólicos, estas revelarán su tierno corazón. Los niños sanguíneos también necesitan amor y afecto, pero en cuanto sus tanquecitos de amor se llenan, salen con rapidez a buscar nuevas aventuras. El niño melancólico tiende a formar amistades más profundas y duraderas.

Mi amiga Jeannie, maestra jubilada, cuidaba los niños de una familia del vecindario. Guillermo, el niño de la familia, es un niño cariñoso melancólico que siempre aprecia los cuidados que le brinda Jeannie. A medida que el niño creció, la familia no necesitó a Jeannie tan a menudo, así que no vio al dulce Guillermo durante un año. Debido a una defunción en la familia, los padres tenían que salir de la ciudad y llamaron a Jeannie para ayudar con el niño. Guillermo escuchó que ella venía y dijo: «Mi corazón está remendado». Cuando Jeannie llegó, él exclamó: «Mi corazón estaba roto sin ti, pero ahora está arreglado de nuevo».

Jeannie reconoce la importancia de su posición como la reparadora de corazones: «Aquí hay una lección espiritual, eso es lo que el Señor hace cuando lo invitamos a entrar en nuestro corazón, Él remienda nuestro corazón roto. Estoy más que dispuesta a darle a Guillermo una visión del Señor en mí». Extiéndase y toque los corazones de sus niños melancólicos.

La naturaleza pensativa y reflexiva del niño melancólico puede agregar una rica profundidad al carácter de su familia. Sin embargo, dependiendo de la personalidad de uno como padre, tal vez esté luchando para comunicarse con ellos. La comprensión de las diferencias podrá ayudarle a construir una relación significativa con este niño serio y sincero.

Ocho

CRIANZA DE UN NIÑO MELANCÓLICO

Los hijos melancólicos son el alma, la mente, el espíritu y el corazón de la humanidad. Ayudan a los demás a ver por debajo de la superficie de la vida. El sentido de los detalles y el amor que tienen por el análisis los llevan a alcanzar grandes logros, y su espíritu sensible los hace compadecerse de las personas lastimadas.

La mente profunda y reflexiva de este tipo de niño, así como su naturaleza analítica, lo harán llegar lejos, pero llevadas al extremo, estas características causan que el melancólico no se quite los problemas de la cabeza y esté constantemente criticando a todos y a todo lo que no alcance el estándar perfecto. Como padre, debe ayudar a su hijo a capitalizar sus virtudes melancólicas al tiempo que aprende cómo lidiar con el mundo «menos que perfecto» que lo rodea.

Padre popular con un hijo perfeccionista

Aunque las personalidades sanguínea y melancólica son opuestas, ambas pueden compartir una relación complementaria si trabajan para entenderse el uno al otro. No espere que el niño melancólico sea tan demostrativo o lleno de chispa como el padre sanguíneo, aprenda a apreciar su quietud, su porte reflexivo. Reconozca que su niño tendrá un panorama de la vida diferente al suyo y dedíquele algún tiempo para escuchar su perspectiva.

No me animes

El padre o el abuelo popular tienen que aceptar al niño perfeccionista como es y no tratar de rehacerlo o alegrarlo. Cuando mi nieto Randy tenía ocho años, lo llevé a almorzar y pidió una hamburguesa. Nos sentamos a comer y levantó el pan de arriba de su hamburguesa. Me miró con una cara triste y preguntó: «¿Sabes qué es lo que no me gusta de este lugar, abue?». A mí no me pareció que hubiéramos estado ahí tanto tiempo como para haber hecho una revisión, pero por compromiso le pregunté: «¿Qué?».

«¡Ni siquiera centran la hamburguesa en el pan! Todo lo que hacen es tirar un pan, tirarle la hamburguesa como caiga, echar dos pepinillos y esta hoja de lechuga», comentó dando un suspiro de incredulidad y añadió: «¡Y luego le llaman a esto una hamburguesa!» ¡Se veía tan deprimido!

Después de explicarme su desilusión, Randy centró su hamburguesa en el pan, le sacó los pepinillos y la comió con resignación. Al terminar, comenzó a contarme lo difícil que era vivir con su hermanito sanguíneo, Jonathan. «Husmea en mi habitación cuando yo no estoy, saca mis juguetes de la caja, no los regresa y se roba las baterías».

Como traté de compadecerlo, se animó y dijo: «Hay una cosa buena de tener a mi nuevo hermanito, Bryan. Ahora Jonathan va a saber lo que es tener un hermano pequeño». Su júbilo pronto se tornó en horror al reflexionar: «¡Acabo de darme cuenta, si Jonathan tiene un hermano pequeño, eso significa que yo tengo dos!». ¡Este pensamiento lo afectó tanto que apenas pudo sacar suficiente energía para caminar al auto!

De no haber entendido su personalidad, hubiera creído que nuestro almuerzo fue un fracaso, pero escucharlo sin tratar de alegrarlo le dio una sensación de aceptación. Cuando lo dejé en su casa, me agradeció por «pasarlo tan bien».

Los que inician las conversaciones

Los padres sanguíneos no solo tienen que aprender a ser buenos oyentes, también deben aprender a sonsacar al melancólico.

Sandy leyó una lista de preguntas que usted puede hacer a sus hijos y que alentarán los comentarios permitiéndole saber lo que realmente están pensando y sintiendo. Estas preguntas incluyen «¿Qué cosas realmente disfrutas hacer?» y «¿Qué te asusta?» Sandy las probó con Brenda, su hija sanguínea, y las dos tuvieron una gran conversación. Complacida con el resultado, Sandy probó las mismas preguntas con Tayler, su hijo melancólico. Cuando le preguntó qué cosas realmente disfrutaba hacer, el niño mencionó pocas actividades como leer y tocar el piano. Cuando ella le preguntó qué clase de cosas lo asustaban, él meditó durante un rato y entonces le dijo: «La verdad es que esa es una buena pregunta». Hasta la fecha no le ha contestado. ¡Sandy tendrá que trabajar mucho para que su hijo le responda esa pregunta!

Para lidiar con un niño melancólico, los padres sanguíneos realmente necesitan bajar sus expectativas en cuanto a la extensión de la conversación y el entusiasmo sobre las preguntas. Los padres deben escuchar con cuidado cuando su hijo melancólico decida comunicarse. Si el niño desea conversar, siéntese y escúchelo.

Todo está bien

A pesar de que el deseo de un padre sanguíneo es escuchar cada detalle del día de su hijo, no es fácil persuadir al niño melancólico para incorporarse a una entusiasta conversación sobre los acontecimientos del día. Si se le presiona demasiado, el niño puede retirarse y decidir no participar en lo absoluto. Un acercamiento gentil y paciente funciona mejor.

Al final del día Sally recogía a su hija Sharon, cuando estaba en educación preescolar. «Hola, corazón, ¿cómo estuvo tu día?», preguntaba la madre. La pequeña Sharon entonces procedía a entretener a Sally durante todo el camino a la casa, contándoles de los maravillosos sucesos de ese día. Cuando su hijo melancólico, Scottie, estaba en preescolar, era una especie de choque para Sharon obtener una respuesta muy diferente a la misma pregunta. Cuando Sharon le preguntaba sobre su día, Scottie respondería bajito: «Bien». (*Bien* es una palabra común para el melancólico). Para tratar de provocar una conversación, Sharon insistía: «Dime qué hiciste hoy». Scottie respondía con un suspiro y entonces, mientras miraba por la ventana del auto, decía: «No sé, mamá. Solamente quiero pensar». Como madre sanguínea que le encanta hablar, Sally tuvo que aprender que el silencio era todo lo que obtendría de él. Solo cuando estuviera listo le diría si hubo algo digno de contarse.

Aunque no se incorporen a la diversión del momento, los niños melancólicos quieren que sus padres sanguíneos estén ahí con oídos y corazones abiertos para escucharlos y amarlos... cuando estén listos. Usted solo necesita ser paciente y esperar hasta que salgan las respuestas en su tiempo. Mientras más presione, más callados se vuelven los hijos melancólicos.

Dame algo de espacio

Los melancólicos son por naturaleza físicamente reservados y distantes hasta que conocen a las personas y confían en ellas. Si sienten que se pasan por alto sus sentimientos, se van a retirar no solo emocional sino físicamente. Ellos protegen su «espacio personal».

Uno de los mayores conflictos de Tayler y Brenda está en el área del afecto. Desde que Tyler era un bebé, Brenda deseaba abrazar a su hermano todo el tiempo. Mientras era pequeño Tayler lo toleraba, pero las cosas cambiaron a medida que crecía. A Tyler le encanta que sus padres lo abracen, pero no Brenda. A pesar de la regla de que no debe abrazar a Tayler porque le molesta mucho, Brenda no resiste dejar de intentarlo. Para ella es imposible concebir que los melancólicos se pongan quisquillosos sobre a quién dejan entrar a su espacio personal.

El padre sanguíneo tendrá que aceptar que su hijo melancólico va a estar más feliz con una palmadita en la espalda que con el gran abrazo de oso que a usted le gustaría darle.

No es gracioso

Además, los padres populares tal vez tengan que luchar con los niños melancólicos que no responden bien a su humor burbujeante. Como lo que necesitan los padres populares es la respuesta, los melancólicos profundamente intuitivos pueden tomar la decisión de no darles lo que quieren. Los melancólicos obtienen un placer secreto de su silencioso poder al enervar a su padre con tal negativa. Mi hijo melancólico me dijo una vez: «¡Es increíble que la gente pague para oírte hablar! Creo que debe ser porque no tienen que escucharte a cambio de nada». Si no supiera la diferencia entre nuestras personalidades, hubiera hecho un mayor esfuerzo para impresionarlo con mi humor. Pero en vez de eso, pude reconocer que no importaba lo graciosa que la mayoría de la gente me considere, ¡no era muy probable que mi hijo pronto se muriera de la risa!

Por favor, ¡no me avergüences!

El niño perfeccionista no solo rechaza el humor del padre popular, sino que además toma todo tan a pecho, que los comentarios de los padres, que intentaban ser graciosos, lo lastiman con facilidad.

Para el pesar de los padres sanguíneos, sus hijos melancólicos pueden avergonzarse por su inclinación natural para divertirse y temen lo que venga después. Mientras sus hijos son pequeños es probable que piensen que sus padres sanguíneos son la pura diversión. Los juegos a los escondidos, canciones y bailes, pantomimas y representaciones entretienen a todas las personalidades en la edad temprana. Pero la respuesta positiva del melancólico a lo teatral de alta energía comienza a desvanecerse conforme se acercan los años de la adolescencia. En esta etapa los melancólicos comienzan a avergonzarse cuando la madre usa una camiseta con lentejuelas o le sonríe a un extraño.

Un día, mi hijo melancólico me pidió un favor. «Cuando la mamá de Mike venga a recogerlo, ¿te podrías quedar en la cocina?» Perpleja, le pregunté por qué. «Tú serías demasiado para ella», me respondió. Como todavía no entendía su preocupación, le insistí: «¿Qué quieres decir?». «La vas a intimidar», me explicó. De inmediato, traté de reconfortarlo. «Me voy a portar bien, voy a estar callada. Me voy a poner un vestido negro y voy a fingir que soy una planta». «¿Ves?, eso es lo que quise decir. Tú vas a hacer algo extraño», Fred movió su cabeza. «¿No puedes simplemente ser normal?»

Si usted es un padre sanguíneo, sea sensible cuando su hijo cambie de parecer, y ya no le parezca que es divertido y lo vea como una vergüenza familiar.

Siempre a tiempo

El padre sanguíneo y el hijo melancólico tienen conceptos totalmente diferentes del tiempo. El reloj-calendario mental del niño lo mantiene a tiempo mientras se da cuenta de las fallas del padre que no sabe qué día es y que no tiene sentido del tiempo. Estoy convencida de que si a una madre sanguínea le naciera un niño prodigio, el talento del niño moriría en la vid porque a la madre se le olvidaría llevarlo a sus clases y no tendría la disciplina de sentarse a su lado durante las horas de práctica. Eso... no sería divertido.

Aunque el padre sanguíneo *esté* pensando en los horarios y el tiempo, nunca estará completamente en la misma onda que el niño melancólico. Susy sanguínea le encomendó a su hijo melancólico, Ken, que cada noche leyera veinte minutos, una cifra que a ella se le ocurrió. Ken elaboró una nítida gráfica y cada noche escribía cuántos minutos había leído.

Una noche se acercó a Susy con un semblante confundido. Le dijo señalando su reloj: «Mamá, leí veinticuatro minutos y dieciocho segundos, pero creo que me tomó un minuto encontrar mi libro. No quiero mentir, entonces ¿qué debo poner en mi gráfica?».

Susy se quería reír, pero tratando de ser sensible ante su seria naturaleza le dijo: «Mi amor, solo escribe veinticinco minutos».

«No, mamá», contestó Ken. «No estoy seguro, encontrar mi libro tal vez me tomó más tiempo. Entonces ¿cómo sé exactamente cuánto tiempo leí?»

Susy no podía creer que en verdad le importaran tanto los segundos. Como una típica sanguínea redondeó todo a su favor, nunca preocupándose por los números exactos. Sin embargo, reconociendo la naturaleza precisa de su hijo, le dijo: «¿Por qué no lo redondeas a veinte minutos, solo para estar seguros?».

Ken se quedó más satisfecho al redondear con menos tiempo, sabiendo que no iba a tomarse más crédito de lo que le correspondía.

Cuando los padres entienden las diferencias, pueden manejar a cada niño de acuerdo con su naturaleza, en lugar de reírse de él o hacerlo sentir tonto.

No tienes que hablar

No espere que un hijo melancólico sea tan extrovertido como un padre sanguíneo. El orador y autor Bill Sanders aprendió esto cuando salía de uno de sus seminarios. En ese tiempo su hija Emily tenía cuatro años y era una perfecta melancólica. La noche antes del seminario, Bill le dio un ultimátum: si no respondía a la gente cuando le hablara, no la volvería a llevar a lugares públicos. Después de aprender sobre las personalidades, Bill habló otra vez con su hija. «Emily, adivina qué aprendió papi hoy», preguntó. «Que puedes ser quién quieras ser. Tú no necesitas hablar como mamá o papá. Si no quieres decir adiós u hola, no tienes que hacerlo», agregó el padre. Los ojos de la niña se iluminaron y abrazó a su padre. «Gracias, papi. Te quiero mucho», dijo la niña.

Cuando el padre afirma el derecho que tiene el hijo de ser menos extrovertido, ¡él apreciará el apoyo que usted le brinde más de lo que usted esperaba!

No sorpresas

Los melancólicos se sienten más cómodos cuando andan por caminos conocidos, no les gustan las sorpresas ni los cambios de ruta sin explicación. El melancólico Keith estaba haciendo la tarea con su madre sanguínea de ayudante. Se veía triste y pronto comenzó a llorar. Su tarea era escribir cinco enunciados sobre sí mismo. Ya había escrito cinco cuando llegó a la palabra *etc.*

—No se si tengo una de estas o no —dijo llorando.

—¿Una de qué? —preguntó su madre.

—Una de estas —dijo apuntando a las tres letras.

—No tienes que tener una. Significa que puedes escribir otras cosas de ti mismo —le explicó su madre.

—Pero no dice eso —gimió Keith.

—¿Cómo sé que lo que dices es correcto? —agregó.

Por fin Keith se relajó cuando llamaron al padre melancólico que le explicó que etc. es una forma de abreviar la palabra *etcétera,* o *más.*

—¿Por qué no simplemente dicen eso? —preguntó.

Necesito saber

Los padres sanguíneos de niños melancólicos organizados pueden aprender una estrategia o dos sobre detalles de documentación, revisión de gráficas y programación. Un horario diario, semanal o mensual le da al niño melancólico una sensación de seguridad. Desde que el melancólico Mateo era pequeño, necesitaba que por la noche le sacaran la ropa que iba a usar al día siguiente. Cuando visita a su abuela, la llama antes para completar su itinerario y saber qué llevar. Llega al desayuno con papel y lápiz y pide más detalles del día para ordenar sus actividades. Como su abuela entiende las personalidades, lo complace, dice que hasta ella se ha disciplinado un poco con sus visitas.

Como padre sanguíneo pensaría que no necesita horarios, o que puede fácilmente guardar todo en su cabeza. Pero trate de ser sensible a la necesidad que tiene su niño melancólico de saber lo que va a pasar, cuándo y dónde. En la próxima presentación del *Cascanueces,* deje a su hijo comprar un programa. Permítale ver el mapa en las siguientes vacaciones familiares.

Muy a menudo nuestra respuesta a «mamá, ¿a dónde vamos?» o «papá, ¿cuánto falta para llegar?» es simplemente decirle al niño que guarde silencio y se suba al auto. Sin embargo, cuando hacemos caso omiso de sus preocupaciones, podemos llevarlos a la depresión o la desesperación. Reconocer la necesidad de ese sentido de seguridad, elimina su ansiedad.

Menos que perfecto está bien

Los padres sanguíneos pueden ayudar a sus intensos hijos melancólicos relatándoles sus propias experiencias de imperfección. Tal vez parezca que su hijo no aprecia esas historias, pero lo ayudarán a entender que el mundo no llegará a su fin porque algo no funcione o suceda algo inesperado.

Al hablar sobre situaciones en las cuales ella no es «perfecta», Suzy ayuda a su hijo Keegan a aprender que está bien relajarse. El otro día Suzy dejó las raquetas de tenis de sus hijos en el techo del auto, y salió para la escuela. Al darse cuenta de que no estaban, retrocedió por el mismo camino hasta que las encontró a salvo en la cuneta. Suzy quiere que Keegan sepa que todo el mundo comete errores y que mañana será otro día, aunque algunas veces se siente molesta por esos errores tontos.

Aunque sus hijos melancólicos no se rían de sus historias y sigan por la vida manteniendo un alto estándar de sí mismos, aprenderán que está bien ser menos que perfecto.

Padre autoritario con un hijo perfeccionista

El padre autoritario puede motivar a su hijo perfeccionista y reservado que tiene mucha habilidad. Los padres coléricos pueden estimular la creatividad del melancólico y sacarlo de su concha. Sin embargo, no es conveniente exigir acciones rápidas y decisivas de este niño, quien tal vez quiera reflexionar sobre las cosas durante un rato. Además, evite recitar sin descanso palabras críticas o de enojo que podrían entristecer a su hijo. Hable con suavidad y sin indicios de violencia. El padre controlador con un niño sensible debe proponerse levantar el espíritu de este pequeño y no aplastarlo con una acción decisiva y rápidas respuestas.

Sensibilidad práctica

El pragmatismo puede impedir que el padre colérico vea una situación a través de los sensibles ojos de un niño melancólico. Cuando nuestro nieto Randy cumplió cinco años, yo preparé una fiesta para él, su padre y mi marido, puesto que todos cumplen años en febrero. Soy práctica y como paso mucho tiempo de viaje, me pareció que esta fiesta colectiva era una idea formidable. Mi hija Lauren y yo pensamos que estábamos «matando tres pájaros de un tiro» y estábamos felices con el montón de regalos que habíamos reunido para la ocasión. A la mitad de la cena el pequeño Randy dijo sentirse enfermo y se retiró a la habitación. Después lo llamamos para que abriera los regalos, y lo hizo mecánicamente, sin entusiasmo. Le pedimos que nos dijera qué tenía, pero con su típica manera melancólica, no nos dio ni una pista.

Después de varios días y muchas preguntas, por fin Lauren supo que él no quería tener una fiesta para todos al mismo tiempo. «Eso es peor que no tener fiesta en lo absoluto», lloró. El niño también se puso triste cuando se dio cuenta de que el montón de regalos no era solo para él, sino que allí estaban los de los demás. «No es justo poner los regalos ahí afuera y después decirme que no todos son míos», se quejó. Este doble choque a su sensible espíritu lo hizo alejarse de su fiesta y lo privó de disfrutar los regalos que había recibido.

Los padres deben tratar de ser sensibles a la perspectiva de su hijo. Lo que el padre puede considerar como eficiente y práctico tal vez haga sentir a su hijo que no es especial o amado.

Brinde amor sin sermones

Si los padres autoritarios no se toman el tiempo para analizar la respuesta del niño, son dados a sermonear a sus hijos melancólicos por las actitudes superficiales que observan. A Lauren le habría sido fácil sermonear a Randy sobre los males del egoísmo, pero lo que necesitaba era un bálsamo amoroso y suave de comprensión por su desilusión.

El niño melancólico con frecuencia sacará conclusiones sobre sus actitudes incorrectas sin una humillante llamada de atención del padre. El niño analizará sus diversas experiencias y finalmente saldrá con la solución «correcta». Dos años después de la fallida fiesta de cumpleaños, Randy se me acercó para decirme: «Abuelita, está bien si haces una fiesta para todos juntos. Ya crecí y ahora no soy egoísta».

Si usted es un padre autoritario con un hijo perfeccionista debe moldear su posición, ser sensible a sus sentimientos y saber que, como los elefantes, estos niños nunca olvidan.

Primero revise los hechos

A diferencia de los sanguíneos que difundirán cada pensamiento entre quienes los quieran escuchar, los niños melancólicos tienden a proteger sus sentimientos guardándolos adentro. El melancólico Joey llegó a casa con una excelente boleta de calificaciones, pero le suspendieron la educación física (E.F.). Su padre colérico estaba furioso. Después de un regaño que dejó a su hijo llorando, la mamá de Joey se sentó junto a él y le preguntó: «Dime por qué te suspendieron E.F.». Joey respondió: «Nos teníamos que quitar la ropa enfrente de todos y ellos se burlan de mí y me dicen que estoy gordo. No me quité la ropa y por eso me suspendieron».

Si observa que su hijo melancólico tiene problemas con sus emociones, tome tiempo para pedirle una explicación o más detalles. Los padres coléricos juzgan demasiado rápido; revise los hechos antes de responder a sus hijos.

Ayuda *no* requerida

No dé por sentado que su hijo necesita que usted lo ayude solo porque no parece estar progresando hacia una meta.

Melanie fue a la recepción de una boda con su hijo melancólico, Charlie. Después de esperar durante algún tiempo en la fila del pastel de bodas, Melanie se cansó de esperar, así que le dijo a su hijo que esperara en la fila, tomara su pastel y luego se reuniera con ella en el auto. Tras esperar impacientemente en el auto durante varios minutos, Melanie decidió ir a ver a Charlie. Se imaginó que tal vez los adultos habían empujado a un lado a su bien educado hijo y que necesitaba la ayuda de ella para tomar su rebanada de pastel. Melanie caminó con determinación hasta Charlie, que todavía estaba en el mismo lugar de la fila y le preguntó: «Charlie, ¿los adultos se metieron delante de ti? Deja que mamá tome tu pastel», agregó sin esperar una respuesta y se adelantó para tomar el pastel.

Cuando subieron al auto, Melanie esperaba que Charlie estuviera agradecido por la ayuda. Pero en lugar de eso, él estaba triste y por el camino le dijo: «Mamá, yo estaba esperando el pedazo de la esquina con todo el merengue. Conté los pedazos de pastel y las personas en la fila, y dejé pasar a otras personas para que me saliera bien». En silencio, el melancólico Charlie se situó en una posición estratégica para obtener lo que quería. ¡Y la «ayuda» de su mamá le arruinó el plan!

Deténgase a escuchar el plan de su hijo antes de meterse a «ayudar».

Aliente la resolución

Cuando el padre colérico aprende a calmarse y deja de presionar a su hijo, debe exhortarlo a expresarse y manifestar amablemente sus necesidades. No tiene por qué permitir que los demás obvien a su hijo. Explíquele que otros lo van a tratar de hacer a un lado si no se hace valer. Enséñele a su hijo frases útiles como «con el debido respeto» o «por favor, permítame explicarle». Estos recursos de comunicación aprendidos temprano en la vida van a preparar a sus hijos para lidiar con amigos insensibles y con extraños, además, les van a evitar sentirse pisoteados y criticados.

Tome tiempo para escuchar

Los niños melancólicos tienden a guardar muchos de sus profundos sentimientos, pero cuando están listos para expresarlos, necesitan un padre que les dé el tiempo y les ponga atención a todos sus detalles. El nieto melancólico de Joy tiene una madre colérica que lo abruma con sus constantes tareas. Ella es dura con él y como madre soltera no tiene tiempo para escuchar su corazón. Joy se ha convertido en su oyente. El verano pasado él fue a un campamento cristiano y comenzó un serio estudio bíblico. Una vez a la semana llama a su abuela con una «palabra de sabiduría». ¡Qué valiosa amiga encontró en su abuela!

Si usted es un padre colérico de un niño melancólico y sensible, asegúrese de tomar tiempo de su atareado horario y escuchar. Cuando su hijo melancólico tiene deseos de conversar, no corte la charla con impaciencia. Escuche a su hijo hasta el final o se callará, se encerrará por dentro aun más y se deprimirá. Solo cinco o diez minutos adicionales de su tiempo quizá sean lo suficiente para satisfacer las necesidades emocionales de su hijo.

¿Demasiado intuitivo?

Los hijos melancólicos, sobre todo los adolescentes, pueden tener un profundo discernimiento sobre las personalidades de sus padres, en especial sobre sus debilidades. Esto puede desagradar a un padre colérico que siempre quiere tener el control o estar en lo correcto.

Andy estaba luchando con un caso muy grave de depresión juvenil. Patricia, que era una madre preocupada, estuvo intentando hablar con él. Su «conversación» se convirtió en una gritería muy alta y emotiva. Durante los mismos días en que estaba peleando con Andy, Patricia tuvo un desacuerdo catastrófico con su mejor amiga y rehusó hablar con ella. Andy acertó con su observación de la situación de Patricia. «Mamá, ¿sabes cuál es tu problema?, que estás tratando de comunicarte con un no comunicador y no te comunicas con un comunicador», le señaló el hijo de dieciséis años.

Padres coléricos, ¿pueden tolerar algunas observaciones críticas de sus hijos? Nunca toleren ataques personales, deshonra o falta de respeto, pero alienten a sus hijos melancólicos y agradézcanles sus valiosas opiniones.

Padre perfeccionista con un hijo perfeccionista

El padre perfeccionista con el hijo perfeccionista quizá sea la mejor combinación posible. Con sus mutuos y profundos talentos artísticos y las excepcionales habilidades organizacionales, pueden lograr mucho mientras trabajan juntos. Como los dos valoran los horarios, ¡se aseguran de terminar las cosas a tiempo! Sin embargo, este par tendrá sus altas y bajas.

Niño prodigio

Cuando el padre y el hijo son melancólicos, todo está «en orden». Las habitaciones están en orden, las gráficas verificadas y la tarea se termina a tiempo. Los niños prodigios florecen en este ambiente en el que padre e hijo están dedicados a sus fines intelectuales y a ninguno le importa si la práctica es aburrida o la rutina tediosa, mientras que la meta valga la pena. El padre perfeccionista reconoce que la habilidad excepcional del niño va a tomar tiempo para pacientemente desarrollarla.

No todos los niños melancólicos van a ser genios, pero si uno lo es, el padre perfeccionista será el más indicado para detectar la aptitud del niño.

Sensibilidad compartida

Debido a que el padre y el hijo tienen la misma sensibilidad, también compartirán una simpatía del uno por el otro, que ninguna otra combinación puede entender. Pero como ambos se lastiman con facilidad, si uno siente oposición del otro, se puede retirar y deprimirse en vez de hablar.

Los padres perfeccionistas deben evitar deprimirse cuando su mundo de adulto no marcha tan bien. Si se concentran demasiado en sí mismos, sus hijos van a sentirse rechazados y se deprimirán. ¡Dos melancólicos deprimidos no hacen una familia feliz! Un momento es todo lo que se requiere para animar a su hijo melancólico que, aunque la vida no es perfecta, ¡su amor por él si lo es!

Correcto a mi modo, no al tuyo

Aunque los niños melancólicos son básicamente limpios, quieren serlo a su manera, y cuando esta manera está en conflicto con la de la madre, quizá atraviesen una fase extremadamente sentimental que desmiente su verdadera personalidad. Una razón puede ser rebeldía temporal. Un adolescente me dijo que la única manera de «irritar» a su madre era dejar su habitación regada todos los días. La madre se exasperaba tanto que se le salían las lágrimas y esto le dio al joven un sentimiento de control. Una vez que flexionó sus músculos independientes, regresó a su manera de ser aseado con un sentimiento de autosatisfacción.

Un niño naturalmente melancólico puede convertirse en un desordenado si las normas de los padres son tan exigentes y tan altas que el niño se da por vencido en cuanto al programa total. Becky dijo: «No importaba cuánto me esforzara, mi madre nunca estaba complacida y siempre me decía que podía hacerlo mejor. Así que un día me dije: "¿Por qué te matas limpiando esta habitación todo el tiempo si de ninguna forma puedes hacer feliz a tu madre? ¡Olvídalo!"».

Una de las lecciones más difíciles que tiene que aprender un padre perfeccionista es mantener las normas dentro de un alcance razonable. Ayude al niño a lograr las metas y haláguelo cuando lo haga correctamente. No siga moviendo el objetivo al minuto que el niño se acerca al blanco.

Castigo de acuerdo con la falta

Algunas veces los padres melancólicos ven las faltas y fracasos de sus hijos como algo más grave de lo que realmente son. Si eso pasa, la disciplina correspondiente puede ser demasiado intensa para la situación, causando más daño emocional que corrección. Cuando la melancólica Sally cumplió once años, sus padres le prometieron una fiesta. Esa mañana Doug, su vecino de doce años de edad, le pidió que viniera a su casa y viera su nueva arma BB. Sally se moría por ver el arma pero sabía que sus padres melancólicos le habían prohibido visitar a Doug cuando sus padres no estuvieran en casa. Sin embargo, Sally fue de todas maneras, solo para dar un pequeño vistazo, no sabía que su papá la había visto a través de la ventana de la sala. Cuando llegó a la casa, sus padres le dieron una nalgada y la mandaron a su habitación. Sally todavía recuerda el dolor de aquel día. La nalgada y haberla mandado a su habitación fue castigo suficiente, pero sus padres fueron más allá. La hicieron quedarse en su habitación todo el día y la noche y llamaron a sus amigos para cancelar la fiesta de cumpleaños. Sally no recibió sus regalos de cumpleaños sino hasta una semana después. El castigo hirió su espíritu tan profundamente que olvidó la falta que había cometido y solo se enfocó en la manera en que sus padres la lastimaron.

Es importante enseñar valores a sus hijos e inculcarlos profundamente, pero hay que tener cuidado que en su afán por corregirlos, no los castigue en exceso y les cause resentimiento. Si el padre no es cuidadoso, va a arriesgarse a crear un pozo profundo de resentimiento. En la actualidad, Sally tiene cuarenta años y todavía recuerda el castigo injusto y la cancelación de la fiesta de su undécimo cumpleaños.

Ocupado durante horas

Donde un niño sanguíneo o colérico puede sentirse muy impaciente, los padres melancólicos podrán compartir su pasión por los pasatiempos, proyectos artísticos o detalles con sus hijos melancólicos. El esposo melancólico de Rose y su hijastro disfrutaban pasar la mañana del sábado trabajando en el jardín. Rose solía pararse en la ventana de la cocina con su café y los veía cortar el césped. A Tom le gustaba hacerlo perfecto al igual que a su hijo, Mike. Así que idearon un pequeño sistema de cortar y recoger para evitar el desorden. Tom le enseñó a Mike a cortar el césped «estilo estadio», con perfectos patrones entrecruzados. Les tomó el doble de tiempo de lo programado, pero estaban encantados con el resultado. A pesar de que a Rose no le convencía la idea de pasar tanto tiempo en dicha actividad, sabía que esta representaba un gran momento del vínculo padre-hijo que les permitía compartir su necesidad para lograr la perfección artística.

Un padre melancólico con un hijo melancólico disfrutarán unas horas juntos trabajando en proyectos detallados. Pero no olviden el resto de los quehaceres, para así no molestar a los coléricos de la familia.

Para siempre en sus corazones

Los niños melancólicos disfrutan profundamente sus relaciones con los adultos melancólicos comprensivos. Incluso los abuelos, tías o tíos melancólicos ayudan a llenar las necesidades emocionales del niño melancólico de tierno corazón. Jade, de nueve años, se sentía triste ante la expectativa y la posibilidad de mudarse de California del Sur a Ohio. El último día antes de dejar la cuidad, ella y su abuela melancólica dieron una larga caminata, hablaron profundamente, y pasaron la última hora haciéndose dibujos, una para la otra, como recuerdos.

Cuando Jade terminó su dibujo, le dio a su abuela un autorretrato y entonces le dijo de un modo melancólico profundo: «La gente buena nunca se olvida, nunca te olvidaré, nunca me olvides. El brillo del sol solo se ve en la luz. ¡Déjalo brillar!». Profundamente emocionada y llorando, la abuela planeó un viaje a Ohio.

Si usted es un padre melancólico, es probable que se le hará fácil relacionarse con su hijo sensible. Tal vez sienta la tentación de ir hasta el fin de la tierra por el afecto y lealtad de este niño, pero no siempre es necesario. Recuerde que una vez que esté en el corazón de un niño melancólico, es probable que se quede allí para siempre.

Padre apacible con un hijo perfeccionista

Ni el padre flemático ni el niño melancólico necesitan mucha «charla», así que estos introvertidos simplemente gozan de la compañía del otro. Por desgracia, como ninguno de los dos tiende a iniciar conversaciones, esta callada compañía puede crear una falta grave de comunicación, a menos que el padre tome la iniciativa de hacer hablar al niño en cierto momento.

Cierre de comunicación

Cuando el melancólico taciturno se retrae y se deprime, el padre apacible prefiere por lo general no lidiar con el problema. Es más fácil evadirlo y esperar que se pase. «Una vez que se niega a hablar, toma mucho esfuerzo saber qué pasa. Le doy un par de oportunidades, y si no me dice, entonces pienso que este problema es un asunto suyo», dijo un padre apacible sobre su hijo melancólico. Este padre tiene toda la razón, la situación es un problema. Si el niño cree que al padre no le importa, se va a retirar más lejos. Cuando llegue a ser un adolescente, no tendrán comunicación alguna. El niño perfeccionista necesita un padre que esté dispuesto a cavar profundo, hasta el fondo, todo el tiempo, y que se siente pacientemente con él hasta que por fin se abra. Disfrute con su hijo el tiempo en silencio, pero no se dé por vencido tratando de hacerlo hablar. El esfuerzo valdrá la pena.

Intereses callados

Como hemos notado, el padre apacible y el hijo perfeccionista pueden disfrutar de la compañía del otro sin tener que decir una palabra. Ninguno necesita ir a algún lado o hacer algo divertido, ambos disfrutan el silencio y la ausencia de conflicto. Sus callados intereses se complementan bien entre sí.

Serena, perfeccionista, y su madre, apacible, solían pasar las horas cosiendo juntas en silencio. La necesidad de Serena de un bordado perfecto era un deleite para su madre, quien no tenía que tomar tiempo o esfuerzo adicional para deshacer y rehacer costuras para su hija. Los padres apacibles deben buscar intereses mutuos para desarrollar con su hijo. Cuando lo hagan, hallarán gran satisfacción trabajando juntos.

Tiempo para seguir adelante

A pesar de que trabajan muy bien juntos, el melancólico introspectivo y el flemático desmotivado pueden tener dificultades para establecer metas desafiantes. Ambos necesitan estar inspirados para ponerse a trabajar y con demasiado facilidad se quedan en statu quo, diciendo: «mañana será otro día». Un niño con solo una pizca de iniciativa colérica puede convertirse en crítico del padre apacible y decidir que es tiempo de imponer organización melancólica y motivación. Si un padre se resiste, el niño puede retraerse y dejar por completo de intentar comunicarse. Si es un padre apacible, no espere hasta que su hijo melancólico lo motive. Levántese y tome alguna iniciativa, o la brecha entre usted y su hijo puede agrandarse más allá de las posibilidades de reparación.

Aparte de su personalidad como padre, recuerde dar a sus hijos melancólicos mucho amor y apoyo. Haláguelos sincera y amorosamente para afirmar su aprecio por ellos. Acepte sus calladas posturas y su búsqueda de soledad, y permita a sus hijos melancólicos pasar tiempo en silencio solos. Pero asegúrese de que no se hagan antisociales en el proceso. Con su dirección, su meticuloso melancólico se hará un individuo serio y sensible en el sendero al éxito.

nueve

⊗⊗⊗

Prácticas de un flemático apacible

FLEMÁTICO

Personalidad apacible
El introvertido · El seguidor · El pesimista

Necesidades emocionales: paz y relajación, atención, halago, orgullo de sí mismo, motiva-
ción amorosa

Evita: conflicto, confrontación, iniciativa, decisiones, trabajo adicional,
responsabilidad, tensión, riñas

Virtudes	Debilidades
BEBÉ	

· serio	· cauteloso
· dócil	· apático
· no demandante	· lento
· feliz	· tímido
· adaptable	· indiferente
· disfruta las siestas	

Virtudes	Debilidades

NIÑO

Virtudes	Debilidades
• observa a los demás	• egoísta
• se entretiene fácil	• bromista
• da pocos problemas	• evita el trabajo
• responsable	• temeroso
• adorable	• calladamente terco
• agradable	• perezoso

ADOLESCENTE

Virtudes	Debilidades
• personalidad complaciente	• calladamente terco
• ocurrente	• indeciso
• buen oyente	• sin entusiasmo
• media en los problemas	• demasiado comprometido
• oculta emociones	• sin motivación
• dirige cuando se le presiona	• sarcástico
• actitud informal	• sin compromiso
	• posterga las cosas

Una madre estaba preparando pastelillos para sus hijos, el colérico Kevin y el flemático Felipe. Los niños comenzaron a discutir quién recibiría el primer pastelillo, así que su madre decidió enseñarles una lección de moral. «Si Jesús estuviera sentado aquí, Él diría: "que mi hermano tome el primer pastelillo, yo puedo esperar"».

El colérico Kevin se volteó hacia su hermano y le dijo con rapidez: «Felipe, tú haces de Jesús». ¡Felipe estuvo de acuerdo!

El niño flemático es el más dócil y menos demandante de todos. Mientras el sanguíneo grita para recibir atención, el melancólico no tiene interés en decir por qué está deprimido y el colérico está gritando: «¡Oigan, no me consideren tan malo!».

El flemático se encuentra tranquilo observando todo el circo familiar como si se tratara de una serie cómica de la televisión. La niña flemática nunca siente el impulso de hacer algo e incluso estará contenta si los demás tampoco hacen nada. Es fácil no tener en cuenta al flemático, pero que este tipo de niño no demande atención no significa que no tenga necesidades.

Necesidad de quietud

Los flemáticos tienen un nivel muy bajo de energía; les desagrada el conflicto y la confrontación y desean *paz y quietud*. Estos niños siempre amarán a sus padres si estos pelean sus batallas y los liberan del estrés. Aunque este tipo de niño carece de dirección interna que lo motive a hacer algo, es posible motivarlos a tomar acción con el *incentivo del amor* de los padres.

El niño flemático necesita *atención* o *halagos*, aunque no compite por obtenerlos, especialmente en una familia muy motivada. En ausencia de estos, crecerá con un bajo sentido de amor propio. Las necesidades emocionales de este niño son de baja exigencia, pero si usted no las satisface, se sentirá inseguro y nunca alcanzará todo su potencial. Los niños flemáticos necesitan escuchar que los aman y respetan tal y como son, no por lo que hagan.

Para este niño es fácil pasar inadvertido. Cuando eso sucede, crece con una baja autoestima, creyendo que a nadie le importa. Quíteles algún tiempo a los niños demandantes para mostrarles a los hijos flemáticos que ellos también son importantes y asegúrese de no atar el amor a los logros. Por el contrario, halague el espíritu dulce de este niño y su preocupación por las personas en necesidad.

Descubra otras opciones

Los niños flemáticos, por lo general, son niños de un solo interés y es el trabajo de los padres hallar qué es lo que los emocionará y motivará. Los fanáticos se arremolinaban alrededor de la puerta del estadio esperando a Eric, el flemático hijo de Alene. Este era un percusionista talentoso y por ser un gran músico había logrado muy buena audiencia en el estadio. Sus padres lo apoyaban, pero les preocupaba el deseo de hacer una carrera con una banda de rock. Después de graduarse de la escuela secundaria, Eric trabajó en una pescadería y esporádicamente tocaba los fines de semana. Se sentía satisfecho. Pasaron dos años y todas las sugerencias de sus padres acerca de la educación llegaron a oídos sordos. Los padres sabían que no lo podían empujar hacia un ambiente distinto, pero deseaban que tuviera un objetivo diferente en la vida.

De manera simultánea, la hermana de Eric, que era dos años mayor, acababa de terminar un programa en el estado de Ohio y ganó un semestre en Suiza trabajando en una compañía de carteles. La oportunidad educativa y laboral de Laura logró ser una experiencia maravillosa. Pero con toda la aventura de su empleo y su nuevo apartamento, pronto extrañó el hogar.

Con la esperanza de que una visita de su hermano la ayudara con la añoranza y también lo motivara, los padres le presentaron a Eric la idea de viajar a Suiza. Eric consideró que era un desafío viajar solo toda esa distancia, pero lo aceptó, y los padres compraron el pasaje. Eric pasó dos semanas con Laura; fue una oportunidad única y resultó ser una experiencia que le cambió la vida.

Eric llegó a casa y sin decir una palabra hizo una cita para someterse a un examen médico, se inscribió en la universidad local y se cortó el pelo centímetro por centímetro. Continuó tocando con la banda y trabajando en la pescadería, pero fue agresivo en la búsqueda de una carrera. En la actualidad Eric está graduado de una carrera universitaria de cuatro años y trabaja como enfermero con niños que sufrieron quemaduras graves. Su ambición es ir a un viaje misionero a Sudamérica o África y está haciendo planes para lograrlo.

Eric recuerda el gran impacto que le hizo ver la realidad cuando vio a su hermana recibir el pago por su trabajo, vivir y tomar vacaciones en Suiza mientras la esperaba un trabajo en Estados Unidos, solo porque había estudiado, utilizaba sus talentos y tenía metas establecidas para el futuro.

Ayudar a los flemáticos mostrándoles sus opciones es más efectivo que hostigarlos para que se muevan. Si usted es padre o madre, no se dé por vencido e intente las diferentes posibilidades. Tarde o temprano encontrará algo que realmente le agrade a su hijo.

Siempre la manera fácil

Los niños apacibles tienen un deseo innato de hallar la manera fácil de no hacer las cosas. Observan con cuidado todos los proyectos y con lentitud eligen la vía de menor resistencia.

Lindsay, la nieta de Shirley, es una niña flemática en todos los sentidos. Un día estaba sentada frente a la computadora jugando un juego de tic-tac-toe [tres en raya]. Lindsay tenía que jugar la parte de ambos competidores puesto que no tenía con quién jugar en ese momento. Shirley la dejó jugar por un rato. Más tarde pasó cerca de la computadora y observó que Lindsay estaba sentada con los brazos cruzados, ¡observando! Cuando Shirley le preguntó qué estaba haciendo, Lindsay contestó: «Descifré cómo hacer que el juego se jugara solo y ahora todo lo que tengo que hacer es mirar».

Trabajo como disciplina

A los niños flemáticos les gusta evitar el trabajo fuerte, tedioso o que no satisfaga sus intereses. Recuerde esto cuando asigne tareas como castigo. Rose me dijo cómo disciplinaba a su sobrino flemático.

Rose envió a Mike, su hijastro colérico, y a su primo flemático Joe, a hacer unas tareas. La tarde estaba avanzada y los dos niños de nueve años no habían hecho ni una sola de las tareas que Rose les asignó esa mañana, así que decidió separarlos para hacer que terminaran sus quehaceres y para disciplinarlos les aumentó unas tareas todavía más aburridas. «*Aprenderán* a terminar su trabajo antes de jugar», les informó. Rose se sintió satisfecha de encontrar un castigo que la beneficiaba en el proceso al darles trabajo extra a los niños. Cuando escuchó a Mike canturreando el tema de *La Pantera Rosa,* se dio cuenta que no había sido tan lista como pensaba.

Animado y rebosante, Mike se subió en el mueble del lavamanos en el baño y alegremente limpió los espejos. Al colérico Mike realmente no le importaba realizar ese trabajo, y como era un desafío, puso todas sus energías para hacerlo lo más rápido posible. Joe, en cambio, estaba de rodillas, con los hombros caídos, la cara baja y deprimido. Mientras limpiaba la mesa de centro con movimientos muy, pero muy lentos, escuchó que Rose venía acercándose a la habitación, miró hacia arriba y lloriqueando le dijo: «Tía Rosy, ¿tengo que limpiar todas las mesas?» Mientras que las tareas adicionales no funcionaron como una disciplina efectiva para el colérico Mike, ¡sí causaron una gran impresión en el flemático Joe!

Las listas no son para guardarse

Librarse de la responsabilidad es causa de gran satisfacción para los flemáticos. Una hija apacible llamó a su madre colérica para darle un informe emocionante. «Mami, hoy hice algo muy extraordinario y te lo quiero contar», dijo. «Caminé por toda la casa con una libreta y una pluma en la mano e hice una larga lista de las tareas que requieren atención. Entonces me senté en el sillón y simplemente rompí la lista y la tiré. ¡Y me siento bien!»

Sus hijos flemáticos pueden reconocer lo que tienen que hacer en la vida, pero su inclinación natural siempre será ¡romper la lista y tirarla a la basura!

¿Me puedo retirar?

Un objetivo principal de los niños apacibles es relajarse y esto es algo que persiste hasta en su vida de adultos. Mientras que los coléricos nunca sueñan con dejar de trabajar a una edad determinada, el retiro es el sueño de los flemáticos. Una esposa colérica me contó que su esposo flemático pasó toda la vida trabajando en un empleo que no le gustaba, pero era más fácil quedarse ahí que buscar algo nuevo. Se pasó todo el tiempo diciendo que vivía cada día en espera del retiro para nunca más tener que trabajar. Ya se retiró y cada mañana se levanta, se sienta en una silla cerca de la ventana y observa a la gente del vecindario que se va a trabajar. El hombre sonríe, se sienta durante un rato, y vuelve a su puesto cuando los trabajadores comienzan a regresar a la casa. Dice que está pasando la mejor época de su vida, pero vuelve loca a la esposa.

Este sueño de retirado comienza temprano para los flemáticos. El verano pasado los padres de Kim se pasaron un mes con ella mientras les terminaban su nueva casa. Ambos son retirados y disfrutan de una vida más lenta que Kim y su familia. Al parecer, Brenden, el hijo de Kim, quedó muy bien impresionado con la vida de retirado porque exclamó: «¡Qué deseos tengo de retirarme!», como si a los diez años le faltara poco para retirarse. ¡No se sorprenda si su hijo apacible quiere retirarse, incluso a los diez años de edad!

Nacieron listos... para la cama

Los flemáticos, por su naturaleza, están siempre tan relajados que con frecuencia su actividad favorita es dormir. Brenden, de diez años de edad, batalla constantemente con su madre por su temperamento dócil y reposado. ¡Es muy difícil motivarlo para que haga cualquier cosa! Sin embargo, su lado sanguíneo mantiene a la familia tan entretenida con bromas y sonrisas que es difícil ser demasiado fuerte con él. Pero hasta su humor tiene un giro flemático. Una noche su mamá entró a la habitación para acostarlo y le preguntó: «¿Estás listo?». A lo que él respondió: «¡Nací listo mamá!». Ella lo probó volviéndole a preguntar: «¿Listo para qué?». Y se satisfizo con la clásica respuesta del flemático: «Nací listo para la cama». ¡Esto era muy cierto! Brenden era un gran dormilón desde que era bebé.

Listo para rendirse

Si los flemáticos no ven un propósito en lo que están haciendo, se dan por vencidos con rapidez. Ellos dan por sentado que esto también es cierto en los demás. El flemático Johnny observó, fascinado, cómo su madre se ponía crema en la cara. «¿Por qué haces eso, mami?», preguntó. «Para verme bonita», contestó ella y entonces comenzó a quitarse la crema con un pañuelo desechable. Al ver su acción, de repente Johnny preguntó sorprendido: «¿Qué pasó? ¿Te diste por vencida?».

Los niños flemáticos se imaginan que si el padre o la madre deja de hacer algo es porque se arrepintió de alcanzar una meta. Asegúrese de que su hijo apacible no reciba la impresión de que usted se está dando por vencido respecto a él.

La dulzura encierra una voluntad de hierro

Cuando se oprime el botón adecuado, los niños apacibles, suaves y dulces, desplegarán una obstinada voluntad de hierro. La flemática Ashley siempre era una niña de «cárgame», mientras su hermanastra Jessica, una fuerte colérica, era una niña de «bájame». Ashley quería toda la atención de su madre, y Jessica quería que la dejaran sola. Ashley era «Señorita como sea» mientras que Jessica era «Señorita perfección». Sin embargo, aunque Ashley parecía mucho más dócil que Jessica, de vez en cuando su voluntad de hierro regía su cabeza. Cuando Ashley decidía que no quería hacer algo, ningún grado de amenaza cambiaba su manera de pensar. Sus padres intentaron toda forma de disciplina. Un día, después de una larga batalla, el padre de Ashley le dijo que se fuera a su habitación. Con voz tranquila y calmada contestó: «No, no quiero ir», así que su padre la cargó, la llevó por el pasillo y la dejó en su habitación. Tan pronto como el padre se retiró, la niña se le coló entre las piernas con tanta rapidez que el padre no la pudo detener. De nuevo la cargó y la llevó a su habitación, pero ella repitió su escape. La tercera vez el padre la colocó más adentro y cerró la puerta, sujetando el picaporte para que no pudiera abrirlo. La niña gritó algo ininteligible. Pocos minutos después sonó el teléfono. El vecino del otro lado de la calle estaba arreglando el jardín del frente y tenía unos consejos para los padres agotados. «Tal vez tengan que considerar cerrar la ventana del dormitorio de Ashley. Ella está colgada de la ventana y gritando», dijo riéndose el vecino. Los padres de Ashley corrieron afuera y vieron que tenía medio cuerpo fuera de la ventana mientras gritaba: «¡Alguien que me ayude, aquí me están matando!».

Aunque la mayor parte del tiempo los niños flemáticos aceptarán bien un programa familiar, los padres deben prepararse para cuando las cosas no sean así. Para volver al carril, ellos necesitarán límites fuertes y consecuencias tan firmes como necesita cualquier niño colérico.

diez

೦೦೦

CRIANZA DE UN NIÑO
FLEMÁTICO

Los niños flemáticos son las personas más agradables y dóciles que hay. Se adaptan a todo, son increíblemente pacientes y fáciles de complacer. Sin embargo, estos niños relajados carecen del impulso interno de los melancólicos y los coléricos, así que necesitan padres que los ayuden a fijar y alcanzar sus metas.

Los niños apacibles constantemente necesitan que los afirmen y alienten para hacer que el esfuerzo para trabajar hacia una meta valga la pena. Asegúrese de recompensar al niño flemático por cada uno de sus logros, aunque sean pequeños. La luz al final del túnel mantendrá a este niño en movimiento solo si recibe ánimo a lo largo de su camino.

Es fácil ver a los niños apacibles y pasivos como incapaces. Les alegra tener a alguien que los ayude y tome sus decisiones, pero no es porque ellos no sean capaces de hacer las cosas. Simplemente eligen el camino de la menor resistencia y del menor trabajo, en todas las situaciones. Enseñe a su hijo a evaluar con claridad las opciones y tomar decisiones en lugar de siempre seguir a la mayoría. A medida que él/ella haga esto y comience a tomar responsabilidades en diferentes áreas de su vida, usted se sorprenderá de ver lo productivo que puede ser su tranquilo flemático.

Padre popular con un **hijo apacible**

Los padres sanguíneos disfrutan la actitud relajada y sin presión de su niño flemático apacible. De hecho, es posible que lo disfruten tanto que se olviden de trabajar para disciplinarse ellos mismos y a sus hijos para lograr algo. Los niños flemáticos necesitan que se les motive con amor, ánimo y un buen ejemplo. Aunque esta no es su virtud natural, los padres populares necesitan tomar el liderazgo para demostrarle la autodisciplina a sus hijos.

Pero si nos referimos al área de tomar decisiones, estos dos son muy diferentes. Al padre popular le encanta hacer cosas de acuerdo con el estímulo del momento, pero el niño apacible, que tiene dificultad para tomar decisiones en el mejor de los tiempos, se traumatiza cuando un padre emotivo lo impulsa para tomar una decisión instantánea («¡Apúrate! Tenemos dos minutos para salir»).

Estas dos personalidades difieren mucho en el grado del entusiasmo. El padre popular vive para la emoción; el niño apacible desea evitarla. Al padre popular le encanta el ruido y la confusión; al niño apacible le gusta la quietud. Para gozar de una relación sana, este padre y su hijo necesitan aprender a comprenderse y adaptarse a las preferencias del otro.

Baje el volumen

Los padres populares tienen que comprender que su naturaleza amistosa y expresiva resulta ser muy ruidosa y agresiva para sus niños apacibles y su sentido del humor y acciones espontáneas avergüenzan a la naturaleza más reservada. Sin darse cuenta de esto y sin bajar su volumen, los padres sanguíneos pueden humillar a sus hijos flemáticos y causarles depresión.

A mi hijo Fred no le gustaba ir de compras conmigo porque yo siempre hablaba con personas desconocidas y le parecía que yo no debía hacer esto. Antes de sus encuentros deportivos me pedía que no lo vitoreara porque solo escuchar mi voz lo enervaba. Las demás madres estaban gritando, pero yo tenía que reprimirme. Los niños apacibles desean el apoyo de sus padres; solo que quieren que sea en una actitud tranquila.

¿Por qué no podemos seguir las reglas?

Mientras que las reglas rara vez detienen a un sanguíneo creativo, los niños flemáticos prefieren privarse que arriesgarse a recibir una reprimenda en público por quebrarlas. La popular Debbie y sus hijos manejaron más de ciento sesenta kilómetros para llegar a la iglesia donde yo estaba celebrando un seminario y llegaron varias horas antes del inicio. Debbie no compró las entradas con anticipación suponiendo que no habría problema para comprarlas en la puerta. Por la tarde, al llegar a la iglesia vacía, colocó las Biblias en los asientos de la fila de enfrente para reservarlos.

Cuando regresó en la noche, le dieron unos pedazos verdes de cartoncillo cortados en cuadros a manera de boletos y le dijeron que estos boletos les permitirían entrar a una habitación donde podrían ver el seminario en un monitor. Naturalmente, ella no se iba a sentar en un salón anexo, así que fue a la entrada con su boleto verde y le dijo a la señora de la puerta que ella me conocía y que yo había reservado sus asientos en el auditorio. La mujer no se impresionó y le respondió: «Puede recoger sus Biblias después. Pero no puede entrar ahora. Para entrar a este salón necesita boletos rosados y esos ya se vendieron».

Debbie miró a su alrededor y observó a las personas pasando con pedazos de papel rosado. Sus hijos, pensando que la madre iba a hacer algo extraño, le rogaron que se fuera a sentar donde le correspondía. Pero mientras los niños la halaban, la mujer descubrió un cartel rosado en la pared. Sin dudarlo arrancó el cartel y le pidió al hijo su navaja. Tomó a su hija sanguínea, la llevó al baño de las mujeres y allí pusieron el cartel sobre el mostrador, midió y cortó los boletos rosados igual a los verdes. Algunas personas la miraron de forma extraña, pero nadie se atrevió a preguntarle qué estaba haciendo.

Debbie tiró los boletos verdes a la basura y salió con los rosados como si los hubiera tenido durante varias semanas. Los otros hijos aguardaban en el recibidor, preguntándose qué estaría haciendo su madre. Debbie sonrió y les dijo con todo orgullo:

«Tenemos boletos rosados, vamos». Los llevó a una entrada diferente para evitar a la mujer que le había negado la entrada. La persona de esta puerta tomó sus boletos rosados sin hacer preguntas y Debbie fue hasta el frente donde los asientos esperaban su llegada. Este brillante manejo de la situación la dejó más que satisfecha y no se dio cuenta de que todo este procedimiento les puso los nervios de punta a sus hijos. Más tarde, cuando la madre le preguntó a una hija apacible si había disfrutado de mi conferencia, la niña contestó: «No oí ni una palabra de lo que dijo, estaba muerta de miedo pensando a cada minuto que la policía podría venir a sacarnos», contestó la niña. Lo que para un sanguíneo parece una gran aventura, para el corazón de un flemático es causa de un gran terror.

¿Creativo o humillante?

Los padres sanguíneos y los hijos flemáticos comparten la apreciación del ingenio, pero los padres no se deben sorprender si estos niños no se emocionan con algunas de sus ideas «brillantes». Si este es el caso, no es prudente imponer demasiado entusiasmo energético. Mientras más haga, más testarudo se vuelve su hijo.

Edie estaba tratando de descubrir una forma visual para enseñarle a su grupo de estudio los principios que debemos tener para no hacer juicios instantáneos acerca de la gente. Le llegó la inspiración cuando por la noche su grupo fue a una fiesta en el nuevo centro juvenil de la iglesia. Edie decidió que se iba a vestir como una adolescente e iba a observar cuántos harían juicios instantáneos acerca de su persona.

Los sanguíneos nunca hacen las cosas a medias, así que Edie realmente participó en la fiesta. Se fue a una tienda de segunda mano y compró ropa de adolescente y un collar de perro con clavos negros. Su peluquera le aplicó un enjuague púrpura, y le paró el pelo en forma de clavos usando gomina, le sugirió que comprara maquillaje y polvo facial blanco, lápiz labial rojo, uñas rojo sangre y sombras oscuras para los ojos. Además, consiguió un tatuaje temporal. Cuando por fin ya estaba lista y saboreando los resultados, decidió aparecer con su disfraz para la cena. Pensó que su marido y su hijo se reirían y le aplaudirían su creatividad. Por el contrario, su marido melancólico se impactó, apenas pudo comer y no le dio un beso de despedida. Su hijo flemático se sintió humillado y dijo: «Por suerte no me vomité sobre la mesa».

Edie aprendió a no dar por hecho una idea «creativa» sin antes consultarla con la familia. Aunque usted sea un éxito con el público, si humilla o avergüenza a su familia, la aventura no vale el precio del pelo púrpura y su imitación de tatuaje.

Bueno, ¿y qué hora es?

Los sanguíneos y los flemáticos son informales e impuntuales para sus citas. Pero el carácter olvidadizo de los sanguíneos, si del tiempo se trata, a veces le causa temor a los flemáticos. A la sanguínea Elena le gustaba dar clases y tomó un trabajo como maestra sustituta en un distrito local. Llegaba a casa a tiempo para el regreso de su hijo de primer grado y para que sus niños más pequeños tuvieran la oportunidad de asistir a una guardería competente. Un día, Elena salió temprano de sus tareas y como solamente una sanguínea podría hacerlo, se le ocurrió que era el momento de ir de compras.

Encontró una excitante venta de ropa de niños en una tienda donde rara vez compraba, pero simplemente iría a ver qué encontraba. A cada momento observaba el reloj para que no se le hiciera tarde y agradecía hacer tanto en poco tiempo. Como sabía que pronto tendría que irse para llegar antes de que llegara Brett, no siguió haciendo compras.

Cuando Elena entró al auto se dio cuenta que su reloj se había detenido y que el pequeño Brett llegaría a la casa en cualquier momento. Oró pidiendo que el autobús llegara más tarde de lo normal, lo cual había sucedido en algunas ocasiones anteriores. Ansiaba tener la suerte de que hoy fuera una de esas ocasiones.

Su mente sanguínea dudaba entre el pensamiento de la gran compra que había hecho de toda esta ropa linda para sus niños y el sentimiento de que se encontraba en un verdadero problema. Su auto no podía ir más rápido. Observó el reloj por octava, novena y décima vez, y entonces miraba el reloj del auto.

Elena se apresuró a recoger a sus dos niños más pequeños en casa de la niñera, y entonces se apuró para llegar a la casa y descubrir que el flemático Brett todavía no había regresado. Se sintió aliviada... durante un momento. Pero al darse cuenta de que el autobús nunca había llegado tan tarde, su frágil calma con rapidez se tornó en pánico. Trató de pensar tal y como lo hubiera hecho su hijo de seis años. Nunca le había explicado a Brett qué debía hacer en tales circunstancias. ¿Dónde estaría? Miró en todas partes, a la orilla del agua, en el área pública, en el puesto de policía, pero no tuvo suerte.

Comenzó a llover y los últimos destellos del sol de la tarde se estaban opacando mientras que ella regresaba a la casa sin su hijo. Se paró en medio de la calle y llamó varias veces a Brett. Elena estaba frenética tratando de imaginarse a dónde habría ido Brett. Ya se estaba preparando para llamar por teléfono a la oficina de niños perdidos cuando Brett apareció por la puerta de atrás, puso su bolsa en el suelo, pero no le habló. No era el niño feliz que siempre llegaba por esa puerta de atrás y rechazó un abrazo mientras ella le gritaba: «¿Dónde estabas?». Después de explicar que estaba en la casa de un vecino en la misma calle, Brett se alejó y se cerró en su habitación.

Brett dice que en la actualidad ya no recuerda este incidente, pero Elena sí lo recuerda. Ella dice que ese fue el día en que al fin aprendió a tomar en cuenta el tiempo y no culpar a los demás por sus errores.

Padre autoritario con un hijo apacible

El padre autoritario ama al hijo apacible porque por naturaleza es un seguidor y está más dispuesto a cumplir las instrucciones de un padre autoritario. Puesto que el deseo interno del hijo es evitar cualquier señal de conflicto, quiere hacer lo que haga feliz al padre. Este espíritu de obediencia le agrada al padre autoritario que necesita mantener a las personas bajo control.

Esta combinación es lo que tendemos a pensar como la «norma». Esperamos que los padres sean líderes disciplinados que trabajen amorosamente con sus hijos obedientes. Pero el problema de esta mezcla ideal viene por la falta de motivación del flemático. Debido a que el padre autoritario es el más productivo y piensa en unidades de trabajo, no puede creer que existan personas sin un deseo ardiente de triunfar. Una mujer autoritaria considera perezosa a la persona sin metas y tiene la tendencia de observar al niño apacible preguntándose cuándo se irá a mover. Una madre o un padre comienza a preguntarse qué hará su hijo, esperando que sus palabras estimulen la acción del niño. Pero realmente consiguen lo contrario. Debido a que la mayor necesidad de una persona apacible es sentirse de valor, las preguntas intencionadas convencen al niño flemático de que él no es amado y esto les causa apagar la poca motivación que existía con anterioridad.

Los problemas surgen cuando el padre autoritario agobia al niño apacible, no puede entender por qué carece de ambición y lo tumba en un esfuerzo para hacer que el niño se ponga en pie y se mueva. La motivación agresiva no funciona con el flemático; pero un padre autoritario que comprende la naturaleza del niño y lo hace sentir capaz y valioso, se convierte en un héroe para su hijo.

Use palabras amables para motivar a este niño, pero también fomente una atmósfera en la cual se pueda relajar y tener un tiempo de descanso.

Usted decida

Al colérico, que siempre opta por disyuntivas, le es difícil comprender el deseo de paz del flemático condescendiente. Los coléricos creen que los flemáticos fingen su falta de preocupación al tomar decisiones. A los coléricos todo les importa tanto que no pueden creer que a los flemáticos no les importe nada.

Un dependiente de una tienda le dio dos paletas de caramelos a dos niños. El colérico Mike le arrebató la de color púrpura que le gustaba y le dio la amarilla al flemático Matt. La madre de los niños intervino y le preguntó: «Matt, ¿cuál te gusta más?». Matt respondió a la manera típica de los flemáticos: «Me gustaría tener la que él me quiera dar».

John es un estudiante universitario con una hermana colérica en la misma universidad. John es un flemático dulce y dependiente que está contento porque su hermana le arregla la vida social. Cuando su abuela le preguntó qué clase de novia estaba buscando, él le contestó: «Realmente no estoy buscando ninguna, pero me gustaría tener una que mi hermana aprobara». ¡Y es probable que la hermana ande por ahí entrevistando candidatas!

Los flemáticos, sean jóvenes o viejos, prefieren dejar que los demás sean quienes tomen las decisiones. De esta manera si algo sale mal, no tienen que cargar con la culpa.

¿Cuál es el punto?

Hasta un niño pequeño nota si es diferente del resto de la familia. El niño flemático tendrá la tendencia de pensar que algo pasa, si a él no le afirman su personalidad. Esto es particularmente cierto en una casa llena de coléricos que corren por todas partes, establecen y alcanzan metas y trabajan a todas horas dejando atrás al flemático que se siente sin valor.

Brenden es un niño muy brillante. Obtiene buenas calificaciones y está en un programa avanzado en la escuela. Pero es más que nada como un profesor distraído, le da trabajo recordar sus responsabilidades. Incluso con tres miembros coléricos de la familia alrededor que se las recuerdan, no retiene lo que se espera que deba hacer. Cada semana tiene que marcar una lista de cosas por hacer, pero durante el día hay que recordarle que vea su lista para saber lo que debe hacer.

Una noche, a la hora de acostarse, Kim andaba detrás de Brenden para que terminara un par de tareas que le faltaban, aunque se las recordaron en varias ocasiones. Ella debe haberse sentido muy desilusionada porque él tenía grandes lágrimas en los ojos. Cuando le preguntaron qué le pasaba, dijo no estar seguro de poder expresarlo bien. Estuvo quieto durante un minuto pensando qué decir, y entonces con las manos cubrió sus ojos cerrados. «¡Soy un inútil!», dijo simplemente. Realmente Kim no estaba esperando esa confesión tan desesperada de un niño de diez años. Pero no se atrevió a reírse y por el contrario le preguntó qué quería decir. Él le repitió que su vida no tenía sentido.

Kim trató de alentarlo: «Bren, ¡solo tienes diez años! Lo que tienes que hacer es ir a la escuela, esa es tu responsabilidad y aprender cosas y solo crecer». La respuesta del niño fue: «La vida no parece tener mucho significado». Luego de oír este comentario, Kim supo que su hijo flemático no estaba recibiendo suficiente afirmación del resto de la familia. Así que en la noche, después de hablar en cuanto a esto, ella y su esposo renovaron sus esfuerzos para afirmar el carácter de Brenden, aunque su personalidad es completamente diferente a la del resto de la familia. ¡Todos necesitamos sentir que la vida sí tiene sentido!

Hace pocas semanas Brenden comenzó a asistir a un club de ajedrez en la escuela. (¿No es este un pasatiempo para el flemático?) Es un excelente jugador de ajedrez y al parecer tiene una habilidad natural para este juego. La semana pasada Kim le preguntó a Brenden cómo se sentía en la búsqueda del sentido de su vida y él le contestó: «Creo que el sentido de mi vida podría ser el ajedrez». Brenden desea comenzar un club de ajedrez después de la escuela, y Kim lo está animando para hacerlo. El niño insiste en que no quiere ser un «cerebro» profesional de ajedrez, pero le gusta el juego y ahora tiene un sentido.

Dedique un tiempo para motivar a su hijo flemático y ayúdelo a encontrar lo que es bueno en su vida. No permita que el niño crezca diciendo, «soy un inútil».

No haga las cosas por ellos

Permitirle a un niño flemático funcionar en su debilidad durante toda la infancia puede dar resultados devastadores en su vida de adulto. El niño flemático que nunca aprende a tomar responsabilidades formará un matrimonio deficiente y será un padre aun más lamentable.

Los padres de Tim permitieron que sus hermanas mayores sirvieran y atendieran a su hermanito que ya había dejado de ser un bebé. Si agitaba su vaso de té helado en la mesa, enseguida las niñas se levantaban y le daban más. Si dejaba sus libros en la mesa y salía corriendo para alcanzar el autobús de la escuela, ellas también salían corriendo a entregárselos. Los niños se hicieron adultos y todavía las niñas seguían atendiendo a su hermano.

Una tarde, Tim dejó a su pequeño hijo jugando en el estacionamiento con el auto allí estacionado mientras se reunía con el resto de los hombres para ver el partido de fútbol. Uno de los suegros llegó al estacionamiento y vio al niño de tres años detrás de la rueda del auto que todavía tenía las llaves colocadas en la ignición y subió a decírselo a Tim. Pero este no se movió. Después de unos minutos alguien más subió y se quejó del peligro que corría el pequeño Timothy jugando en el auto con las llaves del motor puestas. Por fin salieron otros dos de la habitación para rescatar al hijo de Tim del estacionamiento. Sin embargo, Tim nunca vio el problema y no lo verá mientras que tenga quien se encargue de cuidar sus cosas.

Tal vez parezca más fácil hacer las cosas por el niño flemático que esperar a que él las haga, pero no caiga en esa tentación. Si el niño flemático no aprende a ser responsable de sus tareas, nunca crecerá ni asumirá la responsabilidad de su vida. Ayúdelo a organizarse, pero no le haga el trabajo.

Considere *todos* los hechos

La naturaleza acomodaticia del apacible con frecuencia es muy perdonadora de las omisiones de los demás. Es probable que el padre autoritario necesite de esta clase de perdón, por la facilidad que tiene para distraerse con personas y tareas más demandantes. Pero aunque el padre colérico debiera estar agradecido por la disposición del niño para perdonar y olvidar, este individuo puede rápidamente volverse impaciente con la falta de agresividad en la vida del niño flemático.

Tommy, un niño flemático y dócil, después de las clases tenía que quedarse en la escuela para las prácticas de béisbol y su padre colérico tenía que recogerlo a las cuatro de la tarde. Al terminar la práctica, el estacionamiento se llenó de padres recogiendo a sus pequeños jugadores, pero el padre de Tommy no era ninguno de ellos. Pronto Tommy se cansó de estar allí parado y decidió sentarse en la dura acera de concreto. Después de un par de minutos vio un área con pasto debajo de un árbol cerca del estacionamiento y decidió que sería un lugar mucho más cómodo para sentarse. Pocos minutos después Tommy pensó que estaría aun más cómodo si se acostaba sobre el pasto. Así que se quitó su guante de béisbol para usarlo como almohada, se acostó y en unos minutos se quedó dormido.

Cuando se despertó ya estaba oscuro. El niño sintió pánico sabiendo que su padre se iba a enojar porque él no lo había esperado donde se suponía que lo hiciera. Tenía hambre. Decidió caminar hasta la iglesia vecina y pedir permiso para llamar a sus padres por teléfono. Al verlo, el pastor se sintió aliviado. «Tommy, tu papá vino a buscarte y nadie podía encontrarte. Tus padres han estado muy preocupados y hasta pensaron en llamar a la policía», le explicó. A los pocos minutos el papá de Tommy llegó manejando, Tommy se subió al auto y se fueron a casa.

Si el lector fuera el padre colérico de Tommy, ¿cómo reaccionaría? ¿Le gritaría por no haberlo esperado en un lugar visible o comprendería su necesidad de acostarse y relajarse después de un largo día en la escuela y una práctica de béisbol? ¿Reconocería que su propia tendencia de llegar tarde, porque siempre hay una tarea más que atender, contribuyó en esta situación? ¿Admitiría que manejó demasiado rápido alrededor del estacionamiento, que recorrió impaciente el escenario y salió con la determinación de que Tommy aprendiera una lección? Los padres coléricos llegan a conclusiones erróneas con facilidad, si no se toman el tiempo de analizar todos los sucesos, incluyendo las diferentes personalidades de los niños.

Tommy agradeció que su padre comprendiera su propia personalidad y la de su hijo. En su camino a casa, el padre se disculpó por haber llegado tarde y le sugirió que en el futuro eligieran un lugar exacto donde Tommy esperaría. Este es un positivo colérico, reconocer su responsabilidad y al mismo tiempo buscar una solución.

Elija sus batallas

El seguimiento constante a través de la disciplina ayuda a los flemáticos, aunque a veces ni aún así ellos responden de la manera en que a los padres les gustaría que lo hicieran. Mientras más presiona el padre colérico, más se resiste el hijo flemático.

La primera vez que Lucy supo acerca de las personalidades, por fin comprendió por qué hasta las actividades más simples parecían ser siempre las más difíciles para su niño mayor. Cuando Jeremy era un preescolar, vestirlo y meterlo al auto para ir a la escuela era una batalla crónica. No importaban todos los preparativos que hicieran la noche anterior, siempre se les hacía tarde en la mañana, aunque Lucy usaba un cronómetro y le ponía al niño un reloj despertador. Una noche le dijo al niño que tendrían que salir a una hora determinada para hacer su viaje de treinta minutos hasta la escuela, estuviera listo o no.

A la mañana siguiente, se acercaba el tiempo de la partida y Jeremy, a pesar de las advertencias, todavía estaba en ropa interior.

Cuando llegó el momento de partir, Lucy subió al auto con un Jeremy en ropa interior y vociferando. El niño no podía creer que realmente su mamá lo estuviera llevando a la escuela en estas condiciones y le preguntó: «¿Qué vas a hacer, me vas a dejar así? ¡Yo no voy a salir del auto!».

Lucy le había traído en una bolsa la ropa para la escuela, sospechando que él no iba a vestirse a tiempo con lo que ella le dejó preparado. Así que con indiferencia le dijo: «Depende de ti. Yo te traje la ropa, si la quieres está en esta bolsa. Cuando lleguemos a la escuela tendrás que bajarte como estés vestido».

Cuando llegaron a la escuela, ya Jeremy se había vestido y solo le faltaban los zapatos. Muchos días subsecuentes salieron de la casa con Jeremy en ropa interior, y llegaban a la escuela mientras él se daba los últimos toques de su arreglo. Las cosas cambiaron cuando al fin Jeremy, según su conveniencia, decidió que empleaba mejor su esfuerzo vistiéndose en la casa.

Jeremy y Lucy pelearon una batalla similar con respecto a su habitación. Mientras más ella lamentaba el desorden, más determinado estaba él de no limpiarla. El mejor amigo de Jeremy lo invitó a dormir a su casa y él fue numerosas veces. Cuando llegó el turno de recibir al amigo en su casa, Jeremy quería que la familia invitara a Matt a pasar la noche, Lucy le dijo que era una buena idea... después que él limpiara su cuarto.

Transcurrieron cinco meses y Jeremy nunca limpió su cuarto. Matt se mudó a varias millas de distancia y dejó a Jeremy solo con su desorden y a Lucy enojada. Cuando Matt dejó la ciudad, Lucy limpió la habitación de Jeremy. Había desaparecido la única esperanza de motivar a su hijo.

El flemático Jeremy simplemente rehusó moverse cuando su madre lo empujaba. Como en el caso de sus hábitos escolares para vestirse, nadie más que él mismo se pudo motivar. Y en este caso, él no vio el motivo para darse por vencido.

Los padres coléricos necesitarán dejar que algunas cosas sigan con sus hijos flemáticos. No tolere la falta de respeto, el deshonor ni el engaño y refuerce las normas apropiadas para obtener una conducta aceptable en la casa y en la escuela. Pero aprenda a elegir sus batallas o nunca hallará un momento de paz para aliviar su frustración con los hábitos de su hijo.

¡A moverse!

Los padres tienen que entender la personalidad de su hijo para disciplinarlo y motivarlo de manera efectiva. Si no lo hacen, no tendrán mucha oportunidad de tener un ambiente agradable y sano.

Aldo recuerda que pasaba incontables horas solo en su habitación, escribiendo hojas con líneas de castigo por su mala conducta. Todo lo que deseaba en la vida era ver televisión y divertirse. Dadas las altas expectativas de sus padres, sus bajas calificaciones contribuían al bienestar financiero de la industria del papel y el lápiz (incontables páginas con la frase «debo hacer mi tarea después de la escuela» y «debo hacer lo que se me dice»). En lugar de motivarlo para ponerle energía a su trabajo, Aldo solo se concentraba en hallar formas de conservar energía incluso mientras se le presionaba. En un momento dado, inventó cómo usar siete lápices al mismo tiempo para escribir las incontables líneas de oraciones disciplinarias.

Mientras sintió la desaprobación de sus padres, Aldo no se motivó para invertir esfuerzo alguno en cumplir las expectativas de sus padres. Estaba seguro que de cualquier manera iba a fallar, necesitaba sentirse amado y aceptado como era antes de motivarse y avanzar en algo nuevo.

Cuando Aldo llegó a la secundaria, un amigo le habló sobre la posibilidad de salir a jugar con el equipo de fútbol. Solo jugó los cinco minutos del último juego de la temporada de ese año, pero el entrenador tomó un interés especial en él y le insistió para que fuera al campamento de verano. Ese verano, Aldo halló en el campamento personas que se preocuparon por él y que lo podían ayudar a desarrollar destrezas. Cuando regresó a casa, comenzó a pasar de seis a ocho horas practicando pelota en un terreno frente a su casa. El fútbol se convirtió en un enorme motivador para él, y su madre finalmente pudo hacer que su hijo se moviera. Aldo comenzó a desarrollar un nuevo respeto por sí mismo cuando pudo notar la mejoría en su grado de destreza y a la siguiente temporada regresó como líder de la apuntación de su equipo. Al fin, este niño con intereses limitados encontró una razón para hacer algo.

No espere que sus hijos flemáticos cumplan todas las expectativas que usted añora para cada esfera de sus vidas. Ayúdelos a hallar sus propias áreas de intereses y a establecer metas para el éxito.

Lo voy a hacer... cuando *yo* quiera

Los padres coléricos a menudo se muestran impacientes cuando sus hijos flemáticos no se desarrollan con la rapidez deseada. La personalidad flemática de Greg fue obvia desde el principio. Demoró dos semanas para nacer, ¡porque esto era mucho trabajo! Nunca se sentó, ni habló, ni caminó, hasta que un día mientras su mamá estaba hablando por teléfono con una amiga, Greg hizo las tres cosas.

Greg era diferente a los otros niños de Beverly. Ellos eran rubios, él era moreno. Ellos eran fanáticos de las tiras cómicas, Greg prefería la quietud de su dormitorio, a veces creando sus propias caricaturas o tiras cómicas. De acuerdo con su maestra de segundo grado, Greg marchaba a un ritmo diferente. Al negarse neciamente a hacer la tarea, él confesó: «Si el maestro no sabe cuánto es seis más seis, yo no se lo voy a decir».

Greg no era muy tímido, pero no hablaba si no tenía nada que decir. Por sí solo esto lo separaba del resto de la familia, y también quedó explicado por qué las personas nunca recordaban si él estaba o no en la habitación. Beverly intentó enseñarle a Greg a ser agresivo y entusiasta en la vida haciéndolo participar en la pequeña liga. Ella esperaba que él pudiera hacerse de algunos amigos y saliera un poco de su concha al menos durante la temporada, pero al parecer esto no funcionó de esa manera. Al final de la temporada, su equipo terminó en el duodécimo lugar entre los doce equipos. Con toda intención Beverly evitó al entrenador, avergonzada de que a Greg no le importara la calificación final o si ganaban o perdían. De pronto se volvió al escuchar su nombre y vio al entrenador que corría emocionado hacia ella. El corazón de Beverly le latía con rapidez y en la punta de la lengua ya tenía preparado una excusa mientras esperaba. «Señora. O, ¡adivine qué, adivine qué!», dijo el entrenador. «Greg me habló, me dijo: "Adiós, entrenador"». El entrenador se volteó para alejarse y luego se detuvo y miró hacia atrás sonriendo: «¡Linda temporada, ¿verdad?!». Brotaron lágrimas de los ojos de Beverly mientras buscaba a su hijo. ¡Qué entrenador tenía su hijo! Era uno que reconocía el valor de un niño de treinta y cinco kilos, por encima de los números del tablero final.

Nunca olvide el valor de la personalidad natural de su hijo. Valore los pequeños avances y no lo presione para que sea tan extrovertido o ambicioso como usted. En cambio, aliéntelo mientras crece... a su tiempo.

Padre perfeccionista con un hijo apacible

Estos dos disfrutan de una atmósfera quieta, sin presiones y se llevan bien. Los padres melancólicos aprecian el carácter quieto, placentero y agradable de sus hijos flemáticos. Pero quizás se sientan desanimados cuando este niño no usa el tiempo de quietud de manera productiva ni se dedica a un proyecto serio.

El padre perfeccionista es el más dado a motivar a este niño relajado si entiende su personalidad apacible. En lugar de abrumar a su hijo con una fuerte personalidad, el padre perfeccionista es capaz de guiarlo con delicadeza en la dirección correcta. Sin embargo, estos padres tienen que ser cuidadosos para que sus normas no cansen al niño. Recuerde que un niño apacible mide toda la actividad según la energía que requiere y es probable que renuncie y diga que es demasiado trabajo.

Los niños flemáticos necesitan una gran cantidad de ánimo. Los padres melancólicos no están acostumbrados a ofrecer abundantes halagos a los niños, así que necesitan hacer un esfuerzo adicional para emplear un tiempo guiando y afirmando a su niño flemático. Esa es la única manera en que se motivarán para alcanzar su potencial.

¿Su perfección o la nuestra?

Los niños apacibles tienen una perspicacia como ningún otro cuando se trata de marcar diferencias entre sí mismos y sus padres perfeccionistas. Las dos pequeñas hijas flemáticas de Libby no son la excepción. Cuando ella les pedía que limpiaran sus habitaciones, la reacción siempre era la misma: «Mami, ¿tiene que ser a *tu* perfección o puede ser a *nuestra* perfección?».

Libby aprendió a mostrar a sus niñas el valor de reconocer las diferentes perspectivas. Debido a que está dispuesta a admitir que sus normas de perfección no son necesariamente *las* normas, sus hijas están creciendo y comprenden que no es incorrecto estar en desacuerdo con lo que constituye un dormitorio «perfecto» pero que tienen que estar de acuerdo en cuáles normas emplear en una situación determinada.

Si sus niños crecen y comprenden las diferencias entre las personalidades, serán capaces de desarrollar mejores habilidades con las personas y expectativas más realistas acerca de los demás.

Regreso al mundo real

Debido a que los niños flemáticos pueden tener una mente que se concentra en una sola cosa, con frecuencia es difícil identificar algo que realmente les interese. Una vez que hallan su nicho y gozan de la actividad, nada los aleja, hasta el punto de descuidar otros asuntos importantes. Esto puede dejar desconcertados a los padres que son serios.

Miguel, el hijo de ocho años de Bárbara, pasó unos días de verano en unos terrenos detrás de su subdivisión, jugando con otros niños en la edificación de unos fuertes subterráneos. Bárbara comenzó a notar sus pantalones mojados detrás de las gavetas y debajo de la cama y se preocupó pensando que algo andaba mal con su hijo. Al considerar que él estuviera sufriendo algún tipo de trauma emocional o incluso abuso, planeó hablar con Miguel. Cuando por fin reunió fuerzas para confrontar a su hijo, Bárbara se sintió aliviada con la respuesta que este le dio: «Mira, mamá, me estaba divirtiendo mucho edificando los fuertes y sentí deseos de ir al baño, pero era muy lejos y muy problemático venir hasta la casa. Así que traté de aguantarme, pero no pude».

Los niños flemáticos no se esfuerzan tras la perfección pero se pueden perder en las distracciones. Enséñelos a usar relojes o cronómetros, para regresar al mundo real cuando están embebidos en su actividad especial.

¿Demasiado cómodo?

La comodidad es una motivación emocional poderosa de los niños flemáticos. Pero ellos se pueden «acomodar» donde quiera que sea, lo cual desanima a un padre perfeccionista.

A Joe, el hijo de Bárbara, le gusta regresar de la escuela, tirar sus libros en la mesa de la entrada y dirigirse hacia la cocina para merendar. Después de traer sus papitas y un refresco a la mesa de la sala, Joe se acostaba en el sillón y encendía la televisión. Mientras estaba viendo la televisión y comiendo, Bárbara, que se rige por los horarios, invariablemente le recordaba que tenía que hacer su tarea.

Joe se imaginaba estar en la mejor posición para hacerla. Su tarea está en la mesa de la sala a menos de treinta centímetros del sofá, así que puede hacer la tarea, comer y mirar la televisión todo desde la comodidad del sofá. Desde luego, realmente no la hace. Después de más o menos una hora, Bárbara notará que Joe se quita los zapatos y los calcetines, los cuales están ahora en el sofá, trae su videojuego manual y una almohada de su habitación. No importa en qué parte de la casa esté Joe, él crea su propia zona de pequeño bienestar, lo que a su mamá le parece un gran desorden. Casi todos los días ella acostumbra recordarle: «¡La sala no es tu recámara!».

Para no volverse loca, la melancólica Bárbara ha aprendido a dejar que Joe se relaje y se acomode durante un rato cada día. Pero después de media hora Joe sabe que es hora de levantarse, quitar toda su comida y basura y terminar la tarea. Ambos cedieron y a Joe le complace no tener que oír todos los días: «la sala no es tu recámara».

Es una virtud del flemático hacer de cualquier lugar un pequeño hogar lejos de casa. Pero no les permita a sus hijos que eviten la responsabilidad de limpiar su propio desorden.

Padre apacible con un hijo apacible

El padre y el hijo flemáticos están de acuerdo en que la vida «no es tan importante». Disfrutan una relación relajada y fácil de llevar porque ambos determinan que no se van a esforzar mucho por cosas sin importancia. A veces, sin embargo, pueden caer en un surco de falta de comunicación. Si usted no pone su energía en esta relación, será inexistente.

El niño apacible es el más fácil de criar, especialmente para los padres que no les gusta gastar mucha energía para estar a la par de un hijo ocupado. Mi yerno Randy era tan adaptable cuando era niño que se podía quedar sentado y leer en donde sus padres lo llevaran. Dormía en cualquier parte y comía a cualquier hora.

Esta actitud relajada complace a un padre relajado, pero los padres apacibles no deben relajarse en todas las áreas de la vida. También deben desarrollar autodisciplina y modelarla a sus hijos. Motivarlos y ayudarlos a establecer metas y desarrollar los pasos para satisfacerlas.

Demasiado trabajo

Los problemas surgen con la motivación para el par padre-hijo apacibles. Ambos permanecen sin motivación y sin movimiento. O si un niño se interesa en una actividad, tal vez el padre no lo apoye porque simplemente ve que es mucho trabajo. Algunos padres están dispuestos hasta llegar el punto de modificar la verdad si eso les ahorra algunos esfuerzos de su parte.

Ray quería estar en la liga de pelota para niños y arrastró a su padre a las prácticas. Pocos días después su padre le informó que el entrenador lo había llamado para decir que no había calificado para el equipo. Ray se sintió desilusionado pero aceptó con tranquilidad el hecho de que no era suficientemente bueno para jugar. Poco tiempo después el entrenador le dijo a Ray: «Es una pena que tu padre no nos ayudara para que pudieras jugar». Ray escuchó con consternación mientras el entrenador le explicó que no era la falta de talento de Ray, sino que la falta de interés de su padre para ayudar al entrenador transportándolo hasta los juegos fue lo que impidió que lo aceptaran en el equipo.

Ray se deprimió tanto con esta revelación que nunca más intentó jugar deportes. Como un típico apacible, Ray nunca discutió su dolor con su padre. De hecho, su padre no sabe todavía que Ray sabe la verdad. ¡Él nunca trajo a colación el tema!

La decepción y la falta de disponibilidad para traer temas desagradables, asfixia las relaciones entre los apacibles. Ellos harán cualquier cosa con tal de evitar una confrontación, lo que los lleva a vivir la vida sin una comunicación significativa.

La diversión no es lo que tú *haces*

Los padres y los niños flemáticos se relajan entre sí y se quitan las presiones que otros intentan ponerles. Pueden sentarse en sus sillas reclinables o pasarse la tarde pescando sin preocuparse por el tiempo o el teléfono.

Joe, de doce años, pasaba los fines de semana con su padre divorciado, Mike. A Joe le encantaban las historietas y pasar el tiempo con su papá.

Por lo general, salían a cenar el viernes en la noche en un lugar de comida rápida, porque era mucho más fácil y no tenían que lavar los platos. El sábado se levantaban temprano y se iban a pescar, paraban en una tienda de rosquillas para desayunar en el camino. Algunas veces se iban de compras, pero solo para entrar, comprar lo que necesitaban y regresar a casa. En la tarde, cuando ambos estaban cansados, se iban a casa, encendían la televisión, veían un juego y tomaban una siesta. En la noche rentaban un vídeo. El domingo en la mañana, después de la iglesia, el papá de Joe lo llevaba a casa. Aunque esos fines de semana no eran emocionantes para los patrones de muchas personas, Joe informaba: «Me divertí mucho con papá».

Los niños y los padres apacibles disfrutan de un tiempo juntos, relajados, pero deben tener mucho cuidado de no desconectarse por completo del resto del mundo. Si se desconectan, nunca más van a avanzar en la vida, porque ninguno de los dos motiva al otro.

¡Háblame!

Si los padres flemáticos no se obligan a ser más expresivos con el mundo que los rodea, sus hijos aprenderán a no tomar acciones ni responder. Bob permaneció distante de sus hijos durante la niñez. Él les ofrecía pocas sugerencias y funcionaba como si ellos estuvieran en control remoto.

La hija de Bob creció imaginándose: «Si le hago una pregunta a mi papá sobre algo, tengo que esperar como tres días antes de recibir una respuesta». La niña no veía a su padre como alguien que pudiera responder o incluso preocuparse por ella. Después de graduarse de la secundaria, Clara se mudó y se fue a vivir con sus dos primas en el sur de California. Bob estaba preocupado pero no lo suficiente como para decírselo a su hija.

Durante los siguientes tres años, por primera vez Bob aprendió acerca de las personalidades y finalmente comenzó a vivir de sus virtudes. Cuando su hija lo llamó y le preguntó si podía regresar a casa, él aceptó muy contento. El padre que halló cuando regresó era muy diferente al que dejó tres años antes.

Un día, se acercó a Bob y le comentó: «Papá, has cambiado mucho. No eres el mismo hombre con el que crecí. Ahora puedo hablar contigo». Al comprender su debilidad en la comunicación y la necesidad que su hija tenía de que la comprendieran y amaran ayudó a Bob a construir una nueva relación con ella. Si usted es un padre apacible, asegúrese de hacer el esfuerzo para construir una comunicación significativa con sus hijos.

Los niños flemáticos pueden traer paz y relajación a cualquier hogar. Agradezca sus maneras relajadas y apacibles, pero no permita que sean perezosos en la vida. Enséñeles a tomar responsabilidades en la vida y a perseguir las metas de valor. Con una motivación amorosa y aliento, estas personas apacibles lograrán subir hasta el máximo.

Los presidentes Eisenhower, Ford y Bush han sido flemáticos que de niños se fijaron metas y cada uno persiguió, con un interés exclusivo, el puesto más alto de su país. Estos hombres triunfaron no porque tuvieran ideas brillantes sino por ser individuos afables y apacibles en los que se podía confiar. Brinde a sus hijos flemáticos una buena motivación, ayúdelos a establecer metas específicas que vayan de acuerdo con su personalidad y sus talentos, y hágales saber que ellos también pueden convertirse en grandes líderes.

DISFRUTE LA SEMBLANZA DE LA PERSONALIDAD DE LA FAMILIA

Fuente de vida es la prudencia para quien la posee.

Proverbios 16:22

Después de comprender todas las variables que afectan las relaciones padre-hijo, podemos comenzar a apreciar las virtudes y debilidades únicas de los miembros de nuestra familia. Es fácil pensar que sus experiencias están irremediablemente fuera de lo normal, pero recuerde que hay dieciséis combinaciones posibles en las relaciones padre-hijo y no hay dos que funcionen idénticamente. ¡Si tiene cuatro hijos, puede tener cuatro diferentes combinaciones! Lo que aprendió con el primero mediante intentos y errores, quizás no funcione con los otros. Así que es importante identificar y trabajar con las personalidades de cada relación. Una vez que comprenda la personalidad de cada miembro de la familia, podrá ver cada una de manera separada, apreciará sus puntos débiles y sus puntos fuertes, así como los propios y comenzará a gozar del cuadro general.

No hay dos iguales

La diferencia de edades entre los cuatro hijos de Diane es muy poca, pero distan mucho en las características de la

159

personalidad. David, su primogénito, llegó al mundo como un bebé alegre, apacible que gozaba de la vida, era agradable en todos los sentidos y difícilmente lloraba. Este feliz y afortunado sanguíneo, encantaba a cada persona que conocía. Aunque nunca llegue a tener fama o fortuna, siempre se divertirá y tendrá muchos amigos.

Rick, el segundo hijo de Diane, difería de David como un sapo de una mariposa. Ricky era una bomba, ruidoso y de carácter fuerte (de hecho, se le podría llamar «voluntad de hierro»). Ricky tiene un corazón amable y gentil a pesar de su exterior áspero, pero es difícil descubrir su lado amable. Cuando era pequeño, la mayoría de las veces parecía que la lucha era demasiado para Diane.

El hijo número tres, Robbie, es el melancólico de Diane. Nació cuando Ricky tenía exactamente dos años y David tenía casi cuatro. Robbie se paraba entre los barrotes de la cuna y parecía que estaba sopesando y analizando a todos los miembros de la familia. Ordenaba en hileras sus carritos miniaturas en vez de dejarlos todos tirados como David o de tirarlos si estaba enojado como hacía Ricky con frecuencia. Desde muy temprano en su vida, Robbie decidió que un día sería un empresario y comenzó a hacer planes de acuerdo con su deseo. Ahora es el propietario de un restaurante que administra con meticulosa precisión.

Glen, el hijo más pequeño de Diane, fue un paquete de sorpresas. Nació diecisiete meses después de Robby, Glen llegó tarde y casi de mala gana. Fue el único bebé por el que Diane acudió al hospital dos veces con una falsa alarma de parto, lo que estableció el tono de su estilo de vida. Durante toda su vida el flemático Glen ha sido una persona que todo lo posterga. Es muy agradable, incluso adorable, pero como dice Diane, «te puede volver loca mientras esperas que llegue, que tome una acción o que complete un proyecto».

Si Diane no hubiera comprendido las diferencias entre las personalidades, recordaría los años de crianza de estos niños diversos como un completo fracaso. Sin embargo, ahora se ríe con las situaciones de estos niños que antes la desconcertaban porque sabe que fueron perfectas demostraciones de la personalidad de cada uno.

Comprensión del pasado

Al examinar los sucesos del pasado a través del espejo de las personalidades básicas, con frecuencia comenzamos a comprender cosas que nos desconcertaban en aquel tiempo. Mi tía Sadie era una solterona colérica/melancólica que vivía con mi abuela flemática. En Navidad nuestra familia se reunía con todos los demás miembros de la familia en una gran celebración. Todos traíamos una pequeña contribución para la comida, pero la mayor parte del trabajo se le dejaba a tía Sadie. Ella se esclavizaba en la cocina mientras el resto creíamos que pelando unas cuantas papas o picando una cebolla, ya habíamos hecho nuestra parte.

Una vez que la cena se arreglaba perfectamente en la mesa, nos reuníamos para una fiesta que se acentuaba con diversiones y risas. Cuando terminábamos, llevábamos los platos a la cocina y nos íbamos para seguir socializando un poco más. Ninguno de nosotros pensó siquiera en agradecerle a tía Sadie su trabajo ni ofrecernos para ayudar a limpiar. Al enfrentarse con una montaña de platos y restos de comida, tía Sadie solía romper en lágrimas y sollozos diciendo: «Nadie aprecia lo que hago». Se hacía un pesado silencio mientras tía Sadie se iba corriendo a su habitación, entonces nos poníamos todos a limpiar la cocina. Después de una hora, mi abuela me llamaba hacia un lado para decirme: «Es hora de que vayas arriba y animes a tu tía. Dile que los trastos están limpios y que queremos que baje». Me pregunto por qué siempre me escogían a mí, pero yo aceptaba y finalmente tía Sadie bajaba.

De niña no comprendía por qué sucedía esto, pero ahora veo que esa escena se repite año tras año. La naturaleza melancólica de la tía Sadie quería una Navidad perfecta y su naturaleza colérica trabajaba hasta más no poder para hacerlo de esa manera. Sin embargo, no recibía aprecio alguno. Cuando la tía escapaba corriendo, me escogían a mí (como la sanguínea de más edad) para animarla, y siempre dio resultado. Ella no podía resistir mi encanto sanguíneo y luego de recibir un poco de amor y aprecio del resto de la familia, gozaba socializando con cualquiera. Lo mismo sucedía cada año porque todos seguíamos actuando precisamente con la inclinación de nuestra personalidad.

Como adultos, para nosotros es esclarecedor recordar las escenas familiares que no comprendíamos de niños. Después de aprender el concepto de las personalidades, finalmente comprendemos por qué cada uno actuó de una determinada forma. ¡Y el desconcierto con frecuencia se sustituye con la diversión!

Celebre el presente

Aunque la retrospección es a menudo el mejor panorama, no tiene que esperar hasta que sus hijos crezcan para aprender a apreciar las diferencias en su familia. Ahora ya comprende las cuatro personalidades, entonces explíqueselas a sus hijos. Tómese el tiempo de hablar con ellos mientras comienza a celebrar la combinación de personalidades en su familia:

- Pregunte a cada niño qué le gusta y qué no le gusta de la familia. Escuche con atención y permita que cada niño sepa que usted se interesa en él/ella.
- Diviértase comentando la personalidad de cada miembro de la familia.
- Destaque los aspectos positivos de cada personalidad, señalando que uno no es mejor que otro. Todos tenemos virtudes y debilidades y no vamos a tratar de intercambiar personalidades para convertirnos en otro.
- Halague a su hijo por sus virtudes
- Deje que sus hijos vean cuánto más les van a agradar a sus compañeros y cuánto más su familia los apreciará si actúan destacando sus virtudes.

- Muestre a sus hijos que las debilidades de la personalidad son características naturales que se necesitan vencer.
- Esté dispuesto a explicar su propia personalidad, aspectos buenos y aspectos malos, y dígale a sus hijos en lo que se está esforzando para mejorar. De vez en cuando pídales a sus hijos que la evalúen para ver si está logrando avances en esas áreas.

Cuando ellos comiencen a comprender lo que hace a otros tan diferentes de ellos, los niños se vuelven mucho más tolerantes con los demás y comprenden por qué sus padres son tan diferentes. ¡Eso hará que su casa sea un hogar más feliz!

Conclusión

«¡Ahora comprendo!»

¿Recuerda a la familia que conocimos al inicio de este libro? Me refiero a la que tenía una niña excitable, la madre aturdida, el padre sin interés y los abuelos desconcertados. Me pregunto cómo aquella escena podría haber sido diferente si ellos hubieran comprendido la personalidad de los demás.

Es obvio que la niña era una colérica que le gustaba tener a todos bajo control y observar su incomodidad. Esta niña era bulliciosa y gritaba porque sabía que nadie podía detenerla. Estaba probando sus límites y vio que eran amplios.

La madre, que fue una «niña buena», no sabía qué hacer con lo que parecía ser una «niña mala». El padre, un aparente flemático, se sintió humillado y trató de perderse en el menú mientras los abuelos quisieron dejar claro que ellos nunca habrían tenido una hija como esta (¡después de todo, ellos eran «buenos padres»!).

Al dirigirme hacia esta familia descontrolada y acercarme a la mesa del bufé, la niña miró hacia arriba y me dijo «Hola». Me detuve para decirle que ella era adorable. Al oír este comentario, la madre me miró y dijo: «¡Se la regalo!». Le respondí que me hubiera encantado tener una niña así y esto hizo que la madre me mirara perpleja, pero hizo que la niña me mostrara una radiante sonrisa. ¡Por fin la niña encontró a alguien que la apreciaba!

Cuando le expliqué a la desconcertada madre que yo había escrito libros sobre la crianza, inició una serie de preguntas. ¡Incluso el padre bajó el menú para escuchar la conversación! Le expliqué a la familia que el entusiasmo colérico por la vida podría hacerla una gran líder si la alentaban con sus virtudes en vez de estarle reprochando su conducta. Mientras le sugería cómo establecer límites para evitar que la niña se volviera demasiado voluntariosa, le acaricié la cabeza, le dije que era una niña buena y que yo esperaba que se portara bien. Así lo hizo. Cuando la familia se fue, la niña me dijo adiós con su manita y la madre me miró con agradecimiento y esperanzas.

A medida que comience a comprenderse a sí mismo, a su pareja y a sus hijos, aprenderá a actuar con sabiduría y conocimiento. ¡Qué agradecidos debemos estar todos luego de poner de nuestra parte para comprender lo que hace a los otros actuar de cierta manera! ¡Así podemos llevarnos bien con casi todo el mundo!

Apéndice A

Una revisión de las personalidades

Sanguíneos populares

«HAGÁMOSLO DE LA MANERA DIVERTIDA».

Deseo: divertirse

Necesidades emocionales: Tener atención, aprobación, afecto, aceptación, presencia de la gente y actividad.

Virtudes clave: Habilidad para hablar sobre cualquier cosa en cualquier lugar, personalidad burbujeante, optimismo, sentido del humor, habilidad para contar historias, disfrutan la gente.

Debilidades clave: Desorganizados, no pueden recordar los detalles o los nombres, son exagerados, no son serios respecto a ningún aspecto, confían en que los demás les hagan el trabajo, demasiado inocentes.

Se deprimen cuando: La vida no es divertida y cuando parece que nadie los quiere.

Tienen miedo de: Ser impopulares o aburridos, tener que vivir con el reloj, tener que mantener un registro del dinero que se gasta.

Les gustan las personas que: Escuchan y ríen, lo alaban y aprueban.

Una revisión de las personalidades

Les desagrada la gente que: Los critica, no responden a su humor y no piensan que son agradables.

En el trabajo se les valora por: Creatividad colorida, optimismo, toque ligeros, animan a los demás, entretenidos.

Podrían mejorar si: Se volvieran más organizados, no hablaran tanto y aprendieran a establecer límites de tiempo.

Como líderes: Animan, persuaden e inspiran a los demás; tienen encanto y entretienen; son olvidadizos y son malos para dar seguimiento a las cosas.

Reacción al estrés: Abandonan la escena, se van de compras, encuentran un grupo de diversión, crean excusas, culpan a los demás.

Se les reconoce por su: Hablar constante, volumen alto y ojos brillantes.

COLÉRICOS AUTORITARIOS

«VAMOS A HACERLO A MI MANERA».

Deseo: Tener control

Necesidades emocionales: Apreciación por sus logros, oportunidad de liderazgo, participación en las decisiones familiares, algo que controlar.

Fortalezas clave: Habilidad para encargarse de cualquier cosa al instante y lo hacen con rapidez, hacen juicios correctos.

Debilidades clave: Demasiado autoritario, dominante, autocrático, insensible, impaciente, no dispuesto a delegar o dar crédito a los demás.

Se deprimen cuando: La vida se les sale de control y la gente no hace las cosas a su manera.

Tienen miedo de: Perder el control de todo.

Les gustan las personas que: Les dan apoyo y son sumisas, ven las cosas a su manera, cooperan rápidamente y les dejan tomar crédito.

Les desagradan las personas que: Son perezosas y no están interesadas en el trabajo constante, desprecian su autoridad, se hacen independientes y no son leales.

Se les valora en el trabajo porque: Logran hacer más cosas que nadie en un tiempo más breve; por lo general tienen la razón.

Podrían mejorar si: Permitieran a los demás tomar decisiones, delegaran autoridad, se volvieran un poco más pacientes, y no esperaran que todos produjeran como ellos.

Como líderes tienen: Un sentimiento natural de estar a cargo de todo, un rápido sentido de lo que va a funcionar, una sincera creencia en su habilidad de lograr cosas y un potencial para imponerse a las personas menos agresivas.

Reacción al estrés: Fortalecer el control, trabajar más fuerte, hacer más ejercicios y deshacerse del ofensor.

Se reconocen por su: Enfoque de rápido movimiento, rapidez para tomar el mando, confianza en sí mismos, inquietud y actitud avasalladora.

MELANCÓLICOS PERFECCIONISTAS

«HAGÁMOSLO DE LA MANERA CORRECTA».

Deseo: Perfeccionarlo todo

Necesidades emocionales: Sentido de estabilidad, espacio, silencio, sensibilidad, apoyo.

Fortalezas clave: Habilidad para organizar y establecer metas a largo plazo, tener altas normas e ideales, analizar profundamente.

Debilidades clave: Se deprimen con facilidad, pasan demasiado tiempo en preparaciones, demasiado enfocados en detalles, recuerdan aspectos negativos, sospechan de los demás.

Una revisión de las personalidades

Se deprimen cuando: La vida se desordena, y no se alcanzan las normas y nadie parece interesarse en ellos.

Tienen miedo de: Que nadie comprenda cómo se sienten realmente, de cometer un error, de tener que comprometer sus normas.

Les gusta la gente que: Es seria, intelectual, profunda, y sostiene una conversación sensible.

Les desagradan las personas que: Son livianas, olvidadizas, llegan tarde, son desorganizadas, superficiales, mentirosas e impredecibles.

Se les valora en el trabajo por: El sentido de detalles, amor al análisis, seguimiento, altas normas de desempeño y compasión por las personas dolidas.

Podrían mejorar si: No tomaran la vida con tanta seriedad, y no insistieran en que los otros fueran perfeccionistas.

Como líderes: Organizan bien, son sensibles a los sentimientos de la gente, tienen creatividad profunda, desean desempeños de calidad.

Reacción al estrés: Retirarse, perderse en un libro, deprimirse, darse por vencidos y recordar los problemas.

Se les reconoce por su: Naturaleza seria y sensitiva, acercamiento de buenas maneras, hacen comentarios autodepreciativos, meticulosos y muy pulcros.

FLEMÁTICOS APACIBLES

«HAGÁMOSLO DE LA MANERA FÁCIL».

Deseo: Evitar conflicto, mantener la paz.

Necesidades emocionales: Paz y relajación, atención, alabanza, autoestima y motivación que brota del cariño.

Apéndice A

Puntos fuertes clave: Equilibrio, disposición equitativa, sentido del humor mordaz, personalidad apacible.

Debilidades clave: Falta de decisión, entusiasmo y energía, una voluntad de hierro oculta.

Se deprimen cuando: La vida está llena de conflictos, tienen una confrontación personal, nadie quiere ayudar, la responsabilidad es de ellos.

Se sienten atemorizados de: Tener que lidiar con un problema personal mayor, cargar con la culpa y hacer cambios mayores.

Le gustan las personas que: Toman decisiones por ellos, reconocen sus puntos fuertes, no los obvian y los respetan.

Les desagradan las personas que: Presionan demasiado, muy ruidosas y que esperan mucho de ellos.

Se les valora en el trabajo por: Ser mediadores entre gente contenciosa; resolver problemas objetivamente

Pueden mejorar si: Se fijan metas y se motivan a sí mismos; estuvieran dispuestos a hacer más y a moverse más rápido de lo esperado; pudieran enfrentar sus propios problemas tan bien como manejan los de otros.

Como líderes: Se mantienen calmados, frescos y dueños de sí mismos; no hacen decisiones impulsivas; no aparecen a menudo con nuevas ideas brillantes.

Reacción al estrés: Se esconden, ven la televisión, comen, se desconectan de la vida.

Se les reconoce por su: Acercamiento calmado, postura relajada (sentado o recostándose cuando se puede)

Apéndice B

PERFIL DE PERSONALIDAD

En las siguientes páginas encontrará un perfil de personalidad que lo ayudará a determinar su personalidad. En cada hilera de cuatro palabras, coloque una X enfrente de la palabra (o palabras) que con más frecuencia se aplican a usted. Continúe a través de las cuarenta líneas. Si no está seguro de cuál es el concepto que mejor le aplica, pídale a su cónyuge o a un amigo que lo ayude. Use las definiciones de la palabra siguiendo la prueba para lograr resultados más precisos.

Una vez que complete el perfil, transfiera sus respuestas a la hoja de registro. Sume el número total de respuestas en cada columna y combine sus totales de las secciones de virtudes y debilidades. Entonces podrá observar su tipo de personalidad dominante. También observará qué combinación de personalidades tiene usted. Si, por ejemplo, obtuvo una calificación de 35 en virtudes y debilidades de Colérico Autoritario, realmente hay poca duda. Usted es casi un completo Colérico Autoritario. Pero si su calificación es, por ejemplo, 16 en Colérico Autoritario, 14 en Melancólico y 5 en cada uno de los otros, usted es un Colérico Autoritario con un fuerte Melancólico Perfeccionista.

PERFIL DE PERSONALIDAD

(Creado por Fred Littauer)

Coloque una X en cada línea frente a la palabra (o palabras) que con mayor frecuencia se aplique a usted.

Virtudes

1 __Aventurero	__Adaptable	__Animado	__Analítico
2 __Persistente	__Juguetón	__Persuasivo	__Apacible
3 __Sumiso	__Sacrificado	__Sociable	__Obstinado
4 __Considerado	__Controlado	__Competitivo	__Convincente
5 __Ameno	__Respetuoso	__Reservado	__Ingenioso
6 __Satisfecho	__Sensible	__Confiado	__Brioso
7 __Planificado	__Paciente	__Positivo	__Promotor
8 __Seguro	__Espontáneo	__Programado	__Tímido
9 __Ordenado	__Complaciente	__Franco	__Optimista
10 __Amigable	__Fiel	__Gracioso	__Fuerte
11 __Osado	__Encantador	__Diplomático	__Meticuloso
12 __Alegre	__Constante	__Culto	__Confiado
13 __Idealista	__Independiente	__Inofensivo	__Inspirador
14 __Expresivo	__Resuelto	__Mordaz	__Profundo
15 __Mediador	__Musical	__Influyente	__Afable
16 __Considerado	__Tenaz	__Parlanchín	__Tolerante
17 __Oyente	__Leal	__Líder	__Vivaz
18 __Contento	__Jefe	__Organizado	__Gracioso
19 __Perfeccionista	__Agradable	__Productivo	__Popular
20 __Dinámico	__Arriesgado	__Comedido	__Estable

Debilidades

21 __Inexpresivo	__Penoso	__Ostentoso	__Mandón
22 __Indisciplinado	__Incompasivo	__Desmotivado	__Implacable
23 __Reticente	__Resentido	__Renuente	__Repetitivo
24 __Demandante	__Miedoso	__Olvidadizo	__Franco
25 __Impaciente	__Inseguro	__Indeciso	__Entrometido
26 __Impopular	__Apático	__Impredecible	__No afectuoso
27 __Testarudo	__Inconstante	__Inconforme	__Titubeante
28 __Sencillo	__Pesimista	__Orgulloso	__Permisivo
29 __Enojón	__Sin metas	__Polémico	__Enajenado
30 __Inocente	__Negativo	__Atrevido	__Despreocupado
31 __Preocupado	__Retraído	__Trabajoadicto	__Desea aprobación
32 __Hipersensible	__Imprudente	__Temeroso	__Conversador
33 __Vacilante	__Desorganizado	__Dominante	__Deprimido
34 __Inconstante	__Introvertido	__Intolerante	__Indiferente
35 __Desordenado	__Taciturno	__Musita	__Manipulador
36 __Lento	__Terco	__Exhibicionista	__Escéptico
37 __Solitario	__Impositivo	__Perezoso	__Bullicioso
38 __Lerdo	__Desconfiado	__Iracundo	__Alocado
39 __Vengativo	__Inquieto	__Indispuesto	__Impulsivo
40 __Acomodaticio	__Criticón	__Astuto	__Voluble

Transfiera sus X de la página previa a las columnas adecuadas en la siguiente pagina.

HOJA DE REGISTRO

Virtudes

Sanguíneo popular	Colérico autoritario	Melancólico perfeccionista	Flemático apacible
1 __Animado	__Aventurero	__Analítico	__Adaptable
2 __Juguetón	__Persuasivo	__Persistente	__Apacible
3 __Sociable	__Obstinado	__Sacrificado	__Sumiso
4 __Convincente	__Competitivo	__Considerado	__Controlado
5 __Ameno	__Ingenioso	__Respetuoso	__Reservado
6 __Brioso	__Confiado	__Sensible	__Satisfecho
7 __Positivo	__Promotor	__Planificador	__Paciente
8 __Espontáneo	__Seguro	__Programado	__Tímido
9 __Optimista	__Franco	__Ordenado	__Complaciente
10 __Gracioso	__Fuerte	__Fiel	__Amigable
11 __Encantador	__Osado	__Meticuloso	__Diplomático
12 __Alegre	__Confiado	__Culto	__Constante
13 __Inspirador	__Independiente	__Idealista	__Inofensivo
14 __Expresivo	__Resuelto	__Profundo	__Mordaz
15 __Afable	__Influyente	__Musical	__Mediador
16 __Parlanchín	__Tenaz	__Considerado	__Tolerante
17 __Vivaz	__Líder	__Leal	__Oyente
18 __Gracioso	__Jefe	__Organizador	__Contento
19 __Popular	__Productivo	__Perfeccionista	__Agradable
20 __Dinámico	__Arriesgado	__Comedido	__Estable

Total–Virtudes

Debilidades

Sanguíneo popular	Colérico autoritario	Melancólico perfeccionista	Flemático apacible
21 __Ostentoso	__Mandón	__Penoso	__Inexpresivo
22 __Indisciplinado	__Incompasivo	__Implacable	__Desmotivado
23 __Repetitivo	__Renuente	__Resentido	__Reticente
24 __Olvidadizo	__Franco	__Demandante	__Miedoso
25 __Entrometido	__Impaciente	__Inseguro	__Indeciso
26 __Impredecible	__No afectuoso	__Impopular	__Apático
27 __Inconstante	__Testarudo	__Inconforme	__Titubeante
28 __Permisivo	__Orgulloso	__Pesimista	__Sencillo
29 __Enojón	__Polémico	__Enajenado	__Sin metas
30 __Inocente	__Atrevido	__Negativo	__Despreocupado
31 __Desea aprobación	__Trabajoadicto	__Retraído	__Preocupado
32 __Conversador	__Imprudente	__Hipersensible	__Temeroso
33 __Desorganizado	__Dominante	__Deprimido	__Vacilante
34 __Inconstante	__Intolerante	__Introvertido	__Indiferente
35 __Desordenado	__Manipulador	__Taciturno	__Musita
36 __Exhibicionista	__Terco	__Escéptico	__Lento
37 __Bullicioso	__Impositivo	__Solitario	__Perezoso
38 __Alocado	__Iracundo	__Desconfiado	__Lerdo
39 __Inquieto	__Impulsivo	__Vengativo	__Indispuesto
40 __Voluble	__Astuto	__Criticón	__Acomodaticio

Total—Debilidades

Total—Combinadas

Definiciones de las palabras de la prueba de la personalidad

Virtudes

——1——

Aventurero. Participa en empresas nuevas y atrevidas con una determinación de dominarlas.

Adaptable. Se amolda con facilidad y se siente cómodo en cualquier situación.

Animado. Lleno de vida, tiene ademanes y gestos expresivos.

Analítico. Le gusta examinar las partes constituyentes para descubrir sus relaciones lógicas y adecuadas.

——2——

Persistente. Lleva un proyecto hasta su conclusión antes de comenzar otro.

Juguetón. Divertido y de buen humor.

Persuasivo. Convence a través de la lógica y los hechos más que con su encanto o autoridad.

Apacible. Se ve inalterable y tranquilo y se aleja de toda contienda.

——3——

Sumiso. Acepta con facilidad cualquier otro punto de vista o deseo con poca necesidad de insistir en su propia opinión.

Sacrificado. Renuncia voluntariamente a sus necesidades por el bienestar o por satisfacer las necesidades de los demás.

Sociable. Considera la convivencia con los demás como una ocasión para mostrarse agradable y más como un entretenimiento que como un desafío u oportunidad de negocio.

Obstinado. Tiene la determinación de hacer las cosas a su modo.

——4——

Considerado. Aprecia las necesidades y sentimientos de los demás.

Controlado. Tiene sentimientos y emociones pero rara vez los expresa.

Competitivo. Convierte cada situación, acontecimiento o juego en un concurso ¡y siempre juega para ganar!

Convincente. Gana adeptos para cualquier cosa solo con el encanto de su personalidad.

— 5 —

Ameno. Renueva, estimula y hace que los demás se sientan bien.

Respetuoso. Trata a los demás con deferencia, honra y estima.

Reservado. Restringe la expresión de sus propias emociones o entusiasmo.

Ingenioso. Capaz de actuar con rapidez y de manera efectiva en prácticamente todas las situaciones.

— 6 —

Satisfecho. Acepta fácilmente cualquier circunstancia o situación.

Sensible. Se preocupa mucho por los demás y por lo que sucede.

Confiado. Puede confiar por completo en su capacidad, juicio y recursos.

Brioso. Lleno de vida y emoción.

— 7 —

Planificador. Prefiere trabajar en un proyecto dispuesto detalladamente con anterioridad para lograr un objetivo y participar en las fases de planificación y en el producto final más que en la realización misma de la tarea.

Paciente. No se inquieta por las demoras; permanece calmado y tolerante.

Positivo. Confía en que una situación se resolverá favorablemente si se hace cargo del asunto.

Promotor. Estimula y exhorta a los demás a participar, une e invierte mediante el encanto de su personalidad.

— 8 —

Seguro. Tiene seguridad, rara vez duda o titubea.

Espontáneo. Prefiere la impulsividad, las actividades no premeditadas ni restringidas por planes en la vida.

Programado. Actúa y vive según un plan diario y le disgusta que le alteren su organización.

Tímido. Callado, no inicia fácilmente una conversación.

— 9 —

Ordenado. Metódico, arregla sistemáticamente sus cosas.

Complaciente. Comedido y presto a realizar una tarea a la manera de otro.

Franco. Habla con franqueza y sin reserva.

Optimista. Con disposición sonriente, convence a los demás y a sí mismo de que las cosas saldrán bien.

— 10 —

Amigable. Responde en lugar de iniciar y rara vez inicia una conversación.

Fiel. Constantemente confiable, inalterable, leal y devoto, a veces más allá de la razón.

Gracioso. Tiene un sentido del humor tan chispeante que puede convertir prácticamente cualquier historia en un relato divertido.

Fuerte. Una personalidad dominante contra la que los demás titubearían enfrentarse.

— 11 —

Osado. Dispuesto a correr riesgos, intrépido, audaz.

Encantador. Proyecta ánimo y simpatía.

Diplomático. Trata a las personas con tacto, sensibilidad y paciencia.

Meticuloso. Hace todo en orden y con un recuerdo claro de todos los acontecimientos.

— 12 —

Alegre. Siempre de buen ánimo y fomenta la felicidad en los demás.

Constante. Firme emocionalmente, responde como se esperaba que respondiera.

Culto. Persigue intereses intelectuales y artísticos como el teatro, el ballet o una orquesta sinfónica.

Confiado. Lleno de seguridad y certeza sobre su habilidad y éxito.

— 13 —

Idealista. Visualiza las cosas de una manera perfecta y tiene necesidad de llegar a la medida de esa norma.

Independiente. Autosuficiente, es apoyo de sí mismo, confía en sí mismo y parece tener poca necesidad de ayuda.

Inofensivo. Nunca dice algo desagradable ni objetable.

Inspirador. Alienta a los demás a trabajar, unirse o participar y de todo hace algo agradable.

—14—

Expresivo. Expresa emoción abiertamente, en especial, afecto y no duda en tocar a los demás mientras les habla.

Resuelto. Rápido, contundente, tiene la capacidad de hacer juicios.

Mordaz. Por lo general presenta su «ingenio incisivo» de forma breve y a veces sarcástica.

Profundo. Intenso y a veces introspectivo con aversión a las ocupaciones y conversaciones superficiales.

—15—

Mediador. Se halla constantemente en el papel de conciliar las diferencias para evitar conflictos.

Musical. Participa en la música y la aprecia profundamente, la considera una forma de arte más que una diversión.

Influyente. Lo mueve una necesidad de ser productivo, es un líder, le resulta difícil estar inactivo.

Afable. Le gustan las fiestas y le agrada la idea de conocer a todos los asistentes, para esta persona nadie es un extraño.

—16—

Considerado. Tiene consideración por los demás, recuerda ocasiones especiales y está presto a tener un gesto de amabilidad.

Tenaz. Se aferra con firmeza y terquedad a una meta y no soltará su objetivo hasta lograrlo.

Parlanchín. Habla constantemente, por lo general relata historias graciosas y entretiene a las personas que lo rodean, siente la necesidad de llenar el silencio para hacer que los demás se sientan a gusto.

Tolerante. Acepta con facilidad los puntos de vista y las formas de pensar de los demás, sin necesidad de manifestarles desacuerdo o intentar cambiarlos.

—17—

Oyente. Siempre se muestra dispuesto a escuchar lo que tienen que decir los demás.

Leal. Fiel a una persona, ideal o trabajo, a veces más allá de la razón.

Líder. Es un director natural que está a cargo de todo y a veces le resulta difícil creer que alguien más pudiera desempeñar el trabajo tan bien.

Vivaz. Lleno de vida, vigoroso y dinámico.

—18—

Contento. Fácilmente satisfecho con lo que tiene, rara vez siente envidia.

Jefe. Comanda, dirige y espera que la gente lo siga.

Organizado. Le gusta organizar la vida, las tareas y resuelve problemas mediante la elaboración de listas, planillas o gráficas.

Gracioso. Precioso, adorable, es el centro de atención.

—19—

Perfeccionista. Impone estándares demasiado elevados para sí mismo y con frecuencia para los demás, buscando siempre que todo esté adecuadamente ordenado.

Agradable. Es fácil de tratar, de convivir y de hablar con él.

Productivo. Debe estar siempre trabajando o efectuando algo, con frecuencia halla que le resulta difícil descansar.

Popular. Es el alma de la fiesta y, por lo tanto, es siempre un invitado deseado.

—20—

Dinámico. Personalidad burbujeante, vivaz, lleno de energía.

Arriesgado. Valiente, atrevido, arremetedor, no teme correr riesgos.

Comedido. Siempre desea comportarse y conducirse dentro de los límites de lo que considera adecuado.

Estable. Personalidad en un punto medio, no sujeta a altas ni bajas bruscas

Debilidades

—21—

Inexpresivo. Muestra poca expresión facial o emociones.

Penoso. Se retrae para evitar llamar la atención debido a su timidez.

Ostentoso. Desea llamar la atención, vistoso, fuerte y ruidoso.

Mandón. Da órdenes, dominante, a veces arrogante en sus relaciones con los adultos.

—22—

Indisciplinado. La falta de orden permea casi todas las áreas de su vida.

Incompasivo. Considera difícil relacionarse con los problemas y heridas de los demás.

Desmotivado. Tiende a no emocionarse, con frecuencia siente que de cualquier manera las cosas no funcionarán.

Implacable. Tiene dificultad para perdonar u olvidar una ofensa o injusticia recibida, es rencoroso.

—23—

Reticente. Indispuesto a intervenir o luchar con tal de mantenerse al margen, especialmente en situaciones complejas.

Resentido. Con frecuencia guarda sentimientos amargos como resultado de ofensas reales o imaginarias.

Renuente. Lucha, duda y se resiste a aceptar otras formas ajenas.

Repetitivo. Relata una y otra vez las historias e incidentes para entretener a los demás sin reparar en que ya los ha dicho antes; constantemente necesita estar diciendo algo.

—24—

Quisquilloso. Insistente sobre asuntos o detalles insignificantes; exige gran atención sobre trivialidades.

Miedoso. Con frecuencia experimenta sentimientos de profunda preocupación, aprehensión o ansiedad.

Olvidadizo. Tiene mala memoria, que con frecuencia lo lleva a no tener disciplina y no se toma la molestia de registrar mentalmente las cosas que no le parecen divertidas.

Franco. Directo, sin pelos en la lengua, no le importa decir exactamente lo que piensa.

—25—

Impaciente. Le resulta difícil resistir la irritación o esperar a los demás.

Inseguro. Aprehensivo o falto de seguridad y confianza.

Indeciso. Le resulta difícil tomar una decisión. (No se refiere a la personalidad que pasa mucho tiempo esforzándose para que cada decisión que tome sea perfecta).

Entrometido. Habla más que escuchar, comienza a hablar sin darse cuenta siquiera si alguien más ya está hablando.

—26—

Impopular. Su demanda y vehemencia por lograr la perfección puede alejar a las otras personas.

Apático. No tiene deseos de escuchar o de interesarse en clubes, grupos, actividades o en la vida de los demás.

Impredecible. Puede estar en éxtasis y, de un momento a otro, decaído; dispuesto a ayudar y desaparece la intención; o promete acudir y nunca aparece.

No afectuoso. Le resulta difícil demostrar ternura verbal o física.

—27—

Testarudo. Insiste en hacer las cosas a su manera.

Inconstante. No tiene una forma constante de hacer las cosas.

Inconforme. Establece normas tan altas que siempre son difíciles de satisfacer.

Titubeante. Lento para moverse y difícil para involucrarse.

—28—

Sencillo. Una personalidad en un punto medio, sin altas ni bajas, muestra poca o ninguna emoción.

Pesimista. Aunque desea lo mejor, siempre observa primero el lado malo de una situación.

Orgulloso. Tiene gran autoestima y se considera siempre la mejor persona en el trabajo y la más correcta.

Permisivo. Permite que los demás (incluidos los niños) hagan lo que quieran para que no se disgusten.

—29—

Enojón. Tiene un temperamento infantil que se expresa en estilo de rabietas y casi al instante se termina y se olvida.

Sin metas. No es, ni desea serlo, una persona que trate de fijar metas.

Polémico. Incita a las discusiones generalmente porque está en lo correcto, no importa cuál sea la situación.

Enajenado. Fácilmente se siente apartado de los demás, a menudo debido a inseguridad o temor de que las otras personas no disfruten su compañía.

—30—

Inocente. Tiene perspectiva simple e infantil, carece de complejidad o comprensión de a qué se refieren en realidad los niveles más profundos de la vida.

Negativo. Actitud muy pocas veces positiva y con frecuencia ve solo el lado malo u oscuro de cada situación.

Atrevido. Lleno de confianza, fortaleza de ánimo y muestra agallas, con frecuencia en un sentido negativo.

Despreocupado. Acomodaticio, apático e indiferente.

—31—

Preocupado. Constantemente se siente vacilante, apesadumbrado o ansioso.

Retraído. Se retira de las personas y necesita mucho tiempo de soledad y aislamiento.

Trabajoadicto. Establece metas exigentes, es muy combativo, debe estar constantemente produciendo y se siente muy culpable cuando descansa; no lo mueve la necesidad de perfección o conclusión sino una necesidad de realización y recompensa.

Desea aprobación. Depende del crédito o reconocimiento de los demás; como animador, este individuo se nutre del aplauso, la risa y la aceptación de la audiencia.

—32—

Hipersensible. Demasiado introspectivo y se ofende con facilidad cuando malinterpreta los comentarios.

Imprudente. A veces se expresa de una manera ofensiva y desconsiderada.

Temeroso. Se cohíbe ante situaciones difíciles.

Conversador. Entretiene a las personas, es un conversador compulsivo a quien le resulta difícil escuchar.

33

Vacilante. Caracterizado por inseguridad y falta de confianza en que una situación problemática pueda tener un buen final.

Desorganizado. Carece de la habilidad de organizar su vida.

Dominante. De manera compulsiva toma control de las situaciones y de las personas generalmente diciéndoles lo que tienen que hacer.

Deprimido. Se siente decaído la mayor parte del tiempo.

34

Inconstante. Errático, contradictorio, con acciones y emociones no basadas en la lógica.

Introvertido. Tiene pensamientos e intereses dirigidos hacia su interior, vive para sí.

Intolerante. Parece incapaz de resistir o aceptar las actitudes, puntos de vista o manera de hacer las cosas de alguien más.

Indiferente. La mayor parte de las cosas no le importan de una manera ni de otra.

35

Desordenado. Vive en un estado de desorden, incapaz de hallar las cosas.

Taciturno. No se anima mucho emocionalmente y con facilidad cae en estados de desánimo, muchas veces se siente menospreciado.

Musita. No se preocupa por hablar con claridad, habla entre dientes y de manera atropellada.

Manipulador. Influye y controla con astucia o torcidamente para su propia ventaja, hará las cosas a su manera.

36

Lento. No actúa ni piensa con rapidez.

Terco. Determinado a ejercer su voluntad, no se le persuade con facilidad, obstinado.

Exhibicionista. Necesita ser el centro de atención, quiere que lo observen.

Escéptico. Incrédulo, cuestiona el motivo detrás de las palabras.

37

Solitario. Requiere mucho tiempo en privado y tiende a evitar a las demás personas.

Impositivo. No duda en dejar saber que él está en lo correcto y en control.

Perezoso. Evalúa el trabajo o la actividad en términos de cuánta energía se requiere.

Bullicioso. Su risa o su voz se pueden escuchar sobre las de los demás en una habitación.

— 38 —

Lerdo. Lento para comenzar; necesita que lo presionen para motivarse.

Desconfiado. Tiende a sospechar o a desconfiar de los demás o de sus ideas.

Iracundo. Tiene un enojo demandante basado en la impaciencia; expresa ira cuando los demás no se mueven lo suficientemente rápido o no han terminado lo que se les había pedido que hicieran.

Alocado. Carece de poder de concentración o atención, frívolo.

— 39 —

Vengativo. A sabiendas o no guarda rencor y castiga al ofensor, a menudo de manera sutil retirando su amistad o afecto.

Inquieto. Le gusta la actividad constante y nueva porque no es divertido hacer lo mismo todo el tiempo.

Indispuesto. No está dispuesto y hasta lucha para no participar en actividades.

Impulsivo. Puede actuar precipitadamente, sin pensar las cosas con detenimiento, por lo general debido a la impaciencia.

— 40 —

Conciliador. Con frecuencia relaja su posición, aunque esté en lo correcto, con objeto de evitar el conflicto.

Criticón. Siempre está evaluando y haciendo juicios; frecuentemente pensando o expresando reacciones negativas.

Astuto. Sagaz, siempre puede hallar una manera de obtener lo que desea.

Voluble. Tiene un período corto de atención, infantil; necesita mucho cambio y variedad para no aburrirse.

NOTAS

Capítulo 1: ¿Qué son las personalidades?

1. Cheryl Kirking relata esta historia en *Getting Along with Almost Anybody* [Llevarse con casi nadie] por Florence y Marita Littauer. (Revell, Grand Rapids, 1998), pp. *62_63*.

2. Dean Hamer y Peter Copeland, *Living with Our Genes* [Vivir con nuestros genes] (Doubleday, New York, 1998).

Capítulo 4: Crianza de un niño sanguíneo

3. Kathy Collar Miller, *Staying Friends with Your Kids* [Permanecer amigos de sus hijos], (Harold Shaw, Wheaton, 1997).

Capítulo 5 Características de un colérico controlador

4. *USA Today* (26 de agosto de 1997)

Florence Littauer es la popular autora de numerosos libros, incluyendo el éxito de librería *Enriquezca su personalidad*. Durante veinticinco años ha impartido seminarios de liderazgo y es la presidenta de CLASS Speakers, Inc. Ella y Fred, su esposo, han viajado por todo el mundo dictando conferencias en seminarios y retiros sobre la salud emocional. Los esposos Littauer viven en Cathedral City, California.